# 슈퍼파워

초등 공부력 강화 프로젝트

# 그림 한자

동양북스 교육콘텐츠연구회 지음

4 단계

동양북스

# 슈퍼파워 미션 지도

매일매일 공부하면 한자 슈퍼파워가 생겨요!
하루에 한 장 열심히 공부하고 미션맵에 익힌 한자를 써 보세요!

하루 미션을 성공하면
익힌 한자를 적는 거야!

**1일** 幸運

**2일** 昨今

**3일** 風聞

**4일** 身體

가뿐하게 통과!

**5일** 書堂

**6일** 現代

**7일** 圖形

**8일** 始球

**9일** 公共

이정도 쯤이야
문제 없어!

**10일** 注意

우와!
드디어 슈퍼파워가
생겼어!
23일 題 消
24일 半 短
25일 信 童
영차, 영차!
포기하지 않으면,
좋은 일이 생겨!
22일 果 計
21일 角 窓
20일 各 界
17일 分 班
18일 對 等
19일 雪 戰
14일 成 功
16일 反 省
15일 集 會
한 단계씩 차근차근,
탄탄히 하는 거야!
11일 光 明
12일 發 表
13일 和 音

# 무엇을 배울까요?

- 슈퍼파워 미션 지도 ............ 2
- 무엇을 배울까요? ............ 4
- 어떻게 사용할까요? ............ 6
- 지도 노하우 Q&A ............ 8

**1주차**

| 1일 | 幸자와 運자를 배워요. | 12 |
| 2일 | 昨자와 今자를 배워요. | 16 |
| 3일 | 風자와 聞자를 배워요. | 20 |
| 4일 | 身자와 體자를 배워요. | 24 |
| 5일 | 書자와 堂자를 배워요. | 28 |

나는야 급수왕! / 나는야 놀이왕! ............ 32

**2주차**

| 6일 | 現자와 代자를 배워요. | 40 |
| 7일 | 圖자와 形자를 배워요. | 44 |
| 8일 | 始자와 球자를 배워요. | 48 |
| 9일 | 公자와 共자를 배워요. | 52 |
| 10일 | 注자와 意자를 배워요. | 56 |

나는야 급수왕! / 나는야 놀이왕! ............ 60

**3주차**

11일 光 자와 明 자를 배워요.     68

12일 發 자와 表 자를 배워요.     72

13일 和 자와 音 자를 배워요.     76

14일 成 자와 功 자를 배워요.     80

15일 集 자와 會 자를 배워요.     84

나는야 급수왕! / 나는야 놀이왕!     88

**4주차**

16일 反 자와 省 자를 배워요.     96

17일 分 자와 班 자를 배워요.     100

18일 對 자와 等 자를 배워요.     104

19일 雪 자와 戰 자를 배워요.     108

20일 各 자와 界 자를 배워요.     112

나는야 급수왕! / 나는야 놀이왕!     116

**5주차**

21일 角 자와 窓 자를 배워요.     124

22일 果 자와 計 자를 배워요.     128

23일 題 자와 消 자를 배워요.     132

24일 半 자와 短 자를 배워요.     136

25일 信 자와 童 자를 배워요.     140

나는야 급수왕! / 나는야 놀이왕!     144

**부록** 슈퍼 그림 한자 50 모아보기 • 152
한자능력검정시험 대비 6급Ⅱ 문제지 • 153
정답 • 159

# 어떻게 사용할까요?

이 책은 처음 한자를 접하는 학생들이 그림을 통해 좀 더 쉽게 한자를
배우는데 목표를 두고 다음과 같이 구성하였습니다.

**1단계 매일매일 체크해요!**

하루에 두 글자씩, 25일에 완성하는
한자 프로그램으로, 매일매일 체크하며
공부습관을 길러요!

**2단계 한자와 친해져요!**

이야기 속 한자와 한자어를 잘 살펴보고, 그날에 배울 한자를
획순에 맞추어 천천히 한 획씩 따라 쓰면서 한자와 친해져요.

**3단계 그림과 함께 익혀요!**

그림으로 한자의 뜻과 소리를 이해하고 큰
소리로 따라 읽으며 한자의 모양을 익힙니다.
한자가 쓰인 한자어를 읽으면 한자를 더 폭넓게
활용할 수 있어요. 그리고 한자를 천천히
소리내 읽으며 필순에 맞추어 따라 쓰다 보면
한자 슈퍼파워가 생겨요.

※ 한자 원리는 한자의 이해를 돕기 위해 작성된 한자 풀이
로, 이는 사람마다 견해가 다를 수 있습니다.

## 4단계 꼼꼼하게 확인해요!

한 주 동안 배운 한자의 뜻과 소리,
한자어 활용에 대한 다양한 문제를 풀며
한자능력검정시험을 준비할 수 있어요.
이렇게 문제를 풀다 보면 자연스럽게
어휘력도 쑥쑥 자라나요!

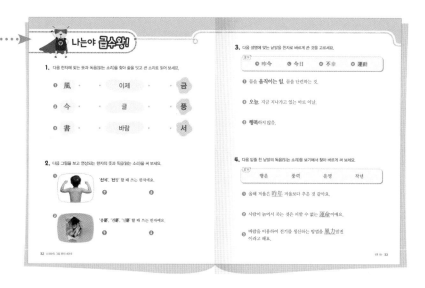

## 5단계 놀면서 배워요!

미로찾기, 선 잇기, 스도쿠, 색칠하기 등
다양한 한자 놀이를 하다 보면 그동안
배운 한자를 오래 기억할 수 있어요!

## 6단계 미리 준비해요!

실제 시험을 대비해서 6급Ⅱ 한자능력검정시험을
풀어 보아요. 그동안 모아둔 슈퍼파워를 사용하면
문제없이 시험에 합격할 거예요!

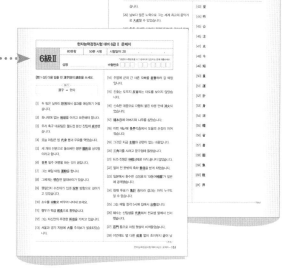

일러두기

본 교재는 사단법인 한국어문회 급수를 기준으로, 6급Ⅱ에 해당하는 한자로 구성되어 있습니다.

(6급Ⅱ 급수 한자 75자 중 50자의 구성으로, 나머지 25자는 다음 단계에 수록되어 있습니다.)

# 지도 노하우 Q&A

 **한자를 배우면 무엇이 좋을까요?**

한자는 우리말 낱말의 기초를 이루고 있어요. 우리말 중에서 한자로 구성된 낱말이 전체의 70% 이상을 차지할 정도로 많아요. 특히 학습에 필요한 낱말 중 90% 이상이 한자어이기 때문에 한자를 잘 알면 단순히 국어 실력만 높아지는 것을 넘어서, 수학이나 과학, 사회와 같은 다른 과목들의 학습 능력도 향상되지요.

한자에는 '확장성'이라는 힘이 있기 때문에, 하나의 한자로도 수많은 낱말을 이해할 수 있게 됩니다. 예를 들어 '水(물 수)'라는 한자를 배우고 나면, '수돗물', '수영', '강수량' 등 정말 수없이 많은 단어를 이해할 수 있는 거예요. 그러니 처음부터 너무 겁먹지 말고 꾸준히 한자 공부를 이어나가도록 해요!

**어떻게 하면 효과적으로 공부할 수 있을까요?**

한자는 맨 처음 그림에서 출발한 문자입니다. 특히 우리가 처음 배우는 기초한자의 경우에는 그림문자에서 나온 '상형문자'가 많아요. 그러므로 그림을 토대로 한자를 이해하면 한자의 뜻도 자연스럽게 알 수 있게 되는 거예요. 또 한자를 따라 쓰는 것은 아주 효과적인 방법입니다. 쓰기는 뇌 활성화에 큰 도움을 주기 때문에 그냥 외우는 것보다 더 오래, 강하게 기억할 수 있거든요. 이때 한자의 뜻과 독음(읽는 소리)을 큰 소리로 읽으면서 쓴다면 효과가 더 좋지요!

그리고 급수 시험에 도전해 보는 것도 좋아요. 자신의 한자 실력이 어느 정도인지 평가하면서, 성취감도 맛볼 수 있기 때문이에요.

| 슈퍼파워 | | 한자능력검정시험 안내 |
|---|---|---|
| **1**단계 | 8급 50자 | 한자 학습 동기부여를 위한 **기초 단계** |
| **2**단계 | 7급Ⅱ 50자 | 기초 사용한자 활용의 **초급 단계** |
| **3**단계 | 7급 50자 | 기초 사용한자 활용의 **초급 단계** |
| **4**단계 | 6급Ⅱ 75자 중 50자 | 한자 쓰기를 시작하는 기초 사용한자 활용의 **중급 단계** |
| **5**단계 | 6급Ⅱ 75자 중 25자<br>+ 6급 75자 중 25자 | 한자 쓰기를 시작하는 기초 사용한자 활용의 **중고급 단계** |
| **6**단계 | 6급 75자 중 50자 | 한자 쓰기를 연습하는 기초 사용한자 활용의 **고급 단계** |

* 상위 급수는 하위 급수 한자를 모두 포함하며, 급수와 급수Ⅱ는 각각 별도의 급수입니다.

## ✎ 어떻게 하면 한자를 쉽게 쓸 수 있을까요?

　　한자는 보기만 해도 어려운데 쓰려고 하면 획이 이리저리 엉켜 있어 당황하기 쉬워요. 획순의 기초를 이해하면 쉽습니다. 획순이란 획을 긋는 순서인데, 이것은 선조들이 아주 오랫동안 한자를 쓰면서 편리하고 빠르게 쓰는 방법을 찾아내 정리한 것이에요. 그러니 억지로 외울 필요가 없이, 쓰다보면 자연스럽게 획순에 맞게 쓰게 됩니다. 아래 다섯 가지 순서를 익혀 보세요!

• 상하 구조의 것은 위에서부터 아래로 씁니다.

• 좌우 대칭형의 것은 가운데를 먼저 쓰고, 좌우의 것은 나중에 씁니다.

• 글자 전체를 관통하는 세로 획은 맨 마지막에 씁니다.

• 좌우 구조의 것은 왼쪽에서부터 오른쪽으로 씁니다.

• 내외 구조의 것은 바깥의 것을 먼저 쓰고 안의 것은 나중에 씁니다.

# 1주차

| 1일 | 幸자와 運자를 배워요. |
|---|---|
| 2일 | 昨자와 今자를 배워요. |
| 3일 | 風자와 聞자를 배워요. |
| 4일 | 身자와 體자를 배워요. |
| 5일 | 書자와 堂자를 배워요. |
| 놀이왕 | 풍선이 하늘 위로 둥둥 / 알쏭달쏭 선 잇기 |

## Day 01 幸 자와 運 자를 배워요.

개인마다 **행운**의 숫자가 있는 것처럼, 나라별로도 **행운**을 상징하는 숫자가 있어요. 하지만 그건 각 나라의 생활 환경과 역사적 배경에 따라 의미가 부여된 것일 뿐, 나쁜 숫자 좋은 숫자는 따로 없답니다.

사진을 보고 '행복'과 '운수'를 나타내는 한자를 쓰는 순서에 맞게 따라 써 보세요.

다행 행

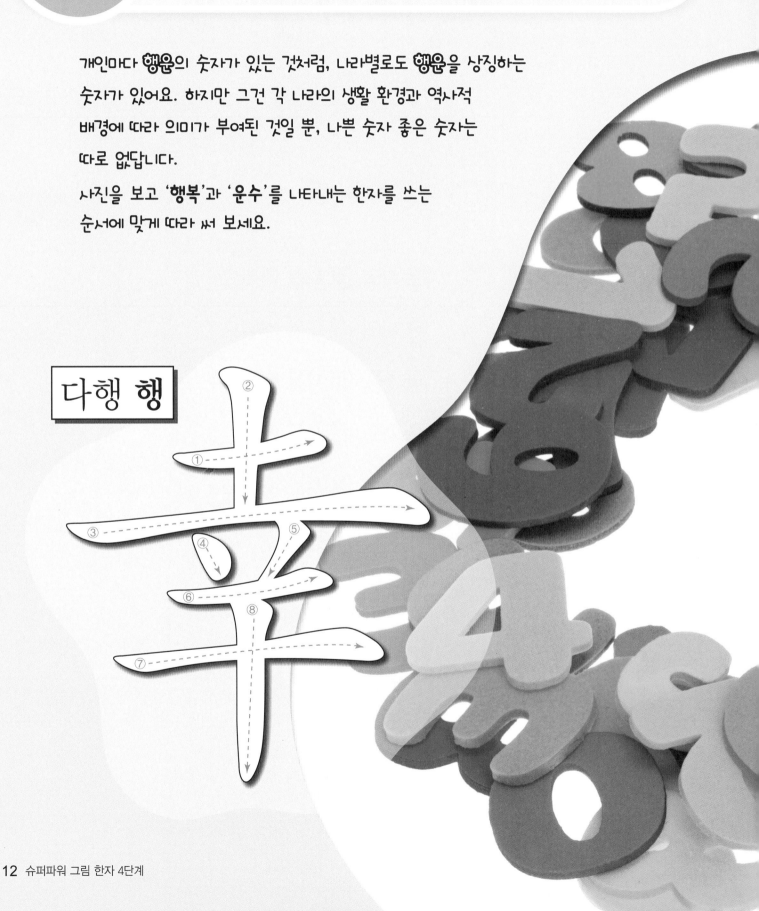

옮길 운

運

# 다행 행

'다행', '좋은 운', '행복'이라는 뜻이고,
'행'이라고 읽어요.
'다행', '행운', '불행' 할 때 쓰는 한자예요.

일찍 죽을(夭)뻔했던 것을 거슬러(屰) 목숨을 건진 모습에서
'다행'이라는 뜻을 나타내게 되었어요.

幸 幸 幸 幸 幸 幸 幸 幸

부수 干  총획 8획

# 옮길 운

'옮기다', '움직이다', '운, 운수'라는
뜻이고, '운'이라고 읽어요.
'운반', '운동', '운명' 할 때 쓰는 한자예요.

군사(軍)들이 전쟁에 필요한 각종 장비를 마차에 싣고
나아가는(辶) 모습에서 '옮기다'라는 뜻을 나타내게 되었어요.

運運運運運運運運運運運運運 부수 辶 총획 13획

# 昨 자와 今 자를 배워요.

昨今이란 한자어를 들어본 적 있나요? 어제와 오늘을 아울러 이르는 말인데요.
우리에게 낯선 표현인 昨今은 표준어이기는 하지만, 순화 대상어라서
'요즈음', '요사이', '어제오늘'이라는 순화어를 쓰는 것이 바람직해요.
사진을 보고 '어제'와 '오늘'을 나타내는 한자를 쓰는 순서에 맞게 따라 써 보세요.

어제 작

이제 금

## 어제 작

'어제', '지난'이라는 뜻이고, '작'이라고
읽어요.
'작일', '작년', '작금' 할 때 쓰는 한자예요.

하루해(日)가 바뀌면 잠깐(乍) 사이에 지나간 날이 된다고 해서
'어제'의 뜻을 나타내게 되었어요.

昨 昨 昨 昨 昨 昨 昨 昨 昨

부수 日 　총획 9획

 昨　昨　昨　昨

# 이제 금

'이제', '오늘', '바로'라는 뜻이고, '금'이라고
읽어요.
'금일', '방금', '지금' 할 때 쓰는 한자예요.

많은 세월이 흐르고 쌓여 지금에 이르렀다는 뜻에서 만들어진
글자예요.

今 今 今 今

부수 人 총획 4획

# 風 자와 聞 자를 배워요.

**바람**처럼 떠도는 소문을 풍문이라고 하지요. 말은 실상이 없이 사람의 입에서 입으로

옮겨지다 보니 처음 이야기보다 부풀려질 때도 많고 사실이 아닌 경우도 있어요.

그러니 확실하지 않은 소문만 듣고 무작정 믿거나

다른 사람에게 전달해선 안 돼요.

사진을 보고 '바람'과 '들리다'를 나타내는 한자를

쓰는 순서에 맞게 따라 써 보세요.

바람 풍

들을 문

## 바람 풍

'바람'이라는 뜻이고, '풍'이라고 읽어요.
'풍향', '풍력', '풍선' 할 때 쓰는 한자예요.

대체로(凡) 태풍처럼 큰바람이 휩쓸고 간 자리에는 벌레(虫)가
많이 생긴다고 하여 '바람'의 뜻을 나타내게 되었어요.

風 風 風 風 風 風 風 風 風

부수 風   총획 9획

# 聞

## 들을 문

‘듣다’, ‘들리다’, ‘소식’이라는 뜻이고,
‘문’이라고 읽어요.
‘견문’, ‘신문’, ‘소문’, ‘풍문’ 할 때 쓰는
한자예요.

門(문 문)과 耳(귀 이)가 합쳐진 글자로, 문밖의 소리에 귀를
기울이는 모습에서 ‘듣다’, ‘들리다’의 뜻을 나타내게 되었어요.

聞 聞 聞 聞 聞 聞 聞 門 聞 聞 聞 聞 聞 聞   부수 耳   총획 14획

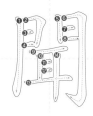 

# 身 자와 體 자를 배워요.

어린이와 청소년기는 성장과 발달의 중요한 시기예요. 그 때문에 건강한 신체와 정신의 발달을 위해서는 올바른 영양 섭취와 규칙적인 생활 습관을 갖도록 노력해야 해요.

사진을 보고 '몸'을 나타내는 한자를 쓰는 순서에 맞게 따라 써 보세요.

123cm

101cm

몸 신

身

몸 체

體

# 몸 신

'몸', '체면'이라는 뜻이고, '신'이라고 읽어요.
'신장', '신체', '망신' 할 때 쓰는 한자예요.

여자가 아이를 가져 배가 나온 모습을 표현한 데서 '몸'의 뜻을
나타내게 되었어요.

身 身 身 身 身 身 身

부수 身　　총획 7획

## 몸 체

'몸', '형상(모양)'이라는 뜻이고,
'체'라고 읽어요.
'체력', '체조', '형체' 할 때 쓰는 한자예요.

骨(뼈 골)과 豊(풍년 풍)이 합쳐진 글자로, 뼈를 포함한
모든 것이 두루 갖추어진 '몸'을 뜻하게 되었어요.

體 體 體 體 體 體 體 體 體 體 體 體 體
體 體 體 體 體 體 體 體 體 體

| 부수 骨 | 총획 23획 |

# Day 05 書 자와 堂 자를 배워요.

옛날 글을 가르치던 서당에는 7~8세의 어린아이에서부터 20세에 가까운 청년까지 학년의 구별 없이 한 방에 모여서 글을 배웠다고 해요.

사진을 보고 '글'과 '집'을 나타내는 한자를 쓰는 순서에 맞게 따라 써 보세요.

글 서

집 당

# 글 서

'글', '글자, 글씨', '책'이라는 뜻이고,
'서'라고 읽어요.
'서기', '낙서', '서예', '교과서' 할 때 쓰는
한자예요.

聿(붓 율)과 曰(가로 왈)이 합쳐진 글자로, 말한 것을 붓으로
적는 모습에서 '글'의 뜻을 나타나게 되었어요.

書書書書書書書書書書    부수 曰    총획 10획

## 집 당

'집', '건물', '떳떳하다'라는 뜻이고,
'당'이라고 읽어요.
'서당', '강당', '당당' 할 때 쓰는 한자예요.

흙을 높이 쌓아 올려 탄탄한 토대 위에 세운 '집'을 나타낸
글자예요.

堂堂堂堂堂堂堂堂堂堂堂　　부수 土　총획 11획

　堂　堂　堂

**1.** 다음 한자에 맞는 뜻과 독음(읽는 소리)을 찾아 줄을 잇고 큰 소리로 읽어 보세요.

|  |  |  |
|---|---|---|
| ① 風 | 이제 | 금 |
| ② 今 | 글 | 풍 |
| ③ 書 | 바람 | 서 |

**2.** 다음 그림을 보고 연상되는 한자의 뜻과 독음(읽는 소리)을 써 보세요.

'**신체**', '**신장**' 할 때 쓰는 한자예요.

 뜻                     음

'**풍문**', '**견문**', '**신문**' 할 때 쓰는 한자예요.

 뜻                     음

**3.** 다음 설명에 맞는 낱말을 한자로 바르게 쓴 것을 고르세요.

> **보기**
>
> ㉠ 昨今　　㉡ 今日　　㉢ 不幸　　㉣ 運動

❶ 몸을 움직이는 일, 몸을 단련하는 것.

❷ 오늘, 지금 지나가고 있는 바로 이날.

❸ 행복하지 않음.

**4.** 다음 밑줄 친 낱말의 독음(읽는 소리)을 보기에서 찾아 바르게 써 보세요.

> **보기**
>
> 행운　　　　풍력　　　　운명　　　　작년

❶ 올해 겨울은 <u>昨年</u> 겨울보다 추운 것 같아요.

❷ 사람이 늙어서 죽는 것은 피할 수 없는 <u>運命</u>이에요.

❸ 바람을 이용하여 전기를 생산하는 방법을 <u>風力</u>발전이라고 해요.

**5.** 다음 밑줄 친 낱말의 한자를 보기에서 찾아 바르게 써 보세요.

보기

| 書堂 | 身體 | 身分 | 幸運 |
|---|---|---|---|

❶ 많은 나라에서 숫자 '7'은 **행운**의 숫자로 여겨요.

❷ 꾸준한 운동을 하며 **신체**를 단련해요.

❸ 할아버지께서는 **서당**에서 《천자문》을 배우셨어요.

**6.** 다음 뜻과 음에 알맞게 한자를 완성하고 누락된 획은 몇 번째 쓰는 획인지 써 보세요.

❶ 聞    총 14획 중

　　　　번째

들을 **문**

❷ 凨    총 9획 중

　　　　번째

바람 **풍**

❸ 堂    총 11획 중

　　　　번째

집 **당**

❹ 體    총 23획 중

　　　　번째

몸 **체**

**7.** 다음 이야기를 읽고, 속담과 고사성어를 천천히 따라 써 보세요.

'서당 개 삼 년이면 풍월을 읊는다'라는 속담을 들어본 적 있나요? '서당'은 옛날에 학생들이 글을 배우던 곳이에요. 이곳에서 삼 년 동안 매일 글 읽는 소리를 듣다 보면 개조차도 글을 읽는 소리를 흉내 낼 수 있다는 의미예요. 말을 할 수 없는 개도 시를 읊을 수 있는 것처럼 지식이 전혀 없는 사람도 오랜 시간 남이 하는 것을 어깨너머로 보고 들으면 배우기 마련이라는 뜻으로 쓰이는 말이에요.

같은 뜻을 가진 고사성어로는 '당구풍월(堂狗風月)'이라는 말이 있어요.

✏️ 속담 쓰기

| 서 | 당 | | 개 | | 삼 | | 년 | 이 | 면 |
|---|---|---|---|---|---|---|---|---|---|
| 풍 | 월 | 을 | | 읊 | 는 | 다 | | | |
| | | | | | | | | | |

✏️ 고사성어 쓰기

| 堂 | 狗 | 風 | 月 |
|---|---|---|---|
| 집 **당** | 개 **구** | 바람 **풍** | 달 **월** |

# 나는야 놀이왕!

**풍선이 ❌ 하늘 위로 둥둥**

하늘 위로 떠있는 풍선마다 한자들이 숨어 있어요. 보기에 주어진 세 개의 한자어를 찾아 서로 연결해 보세요. 그리고 큰 소리로 읽어 보세요.

보기
昨年(작년)
書堂(서당)
幸運(행운)

알쏭달쏭 × **선 잇기**

한자어에 알맞은 그림과 독음을 찾아 선으로 이어 보세요.
그리고 큰 소리로 읽어 보세요.

運動場

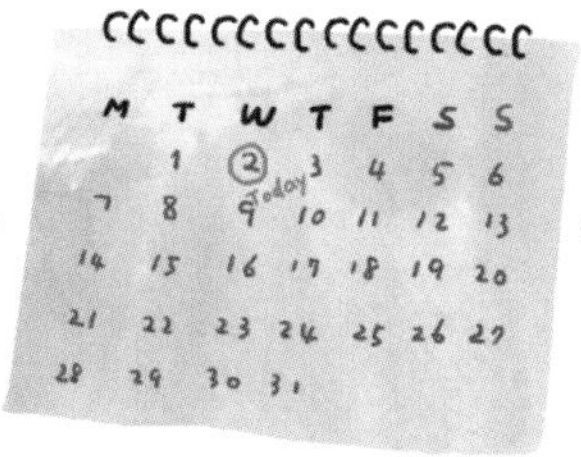

今日

風聞

不幸

身體

운동장

신체

불행

풍문

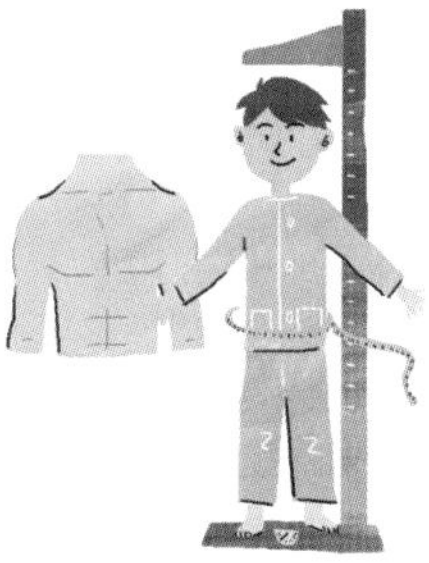

금일

# 2주차

| 6일 | **現**자와 **代**자를 배워요. |
| 7일 | **圖**자와 **形**자를 배워요. |
| 8일 | **始**자와 **球**자를 배워요. |
| 9일 | **公**자와 **共**자를 배워요. |
| 10일 | **注**자와 **意**자를 배워요. |
| **놀이왕** | 얼음 바다 / 알쏭달쏭 한자어 찾기 |

# 現 자와 代 자를 배워요.

현(現)의 뜻인 '나타나다'는 '이전에는 보이지 않던 것이 지금 여기에 모습을 드러내다', 즉 '지금 여기에 나타나 있다'를 뜻하지요. 그런 의미에서 현대는 '지금 이 시대, 오늘날'이라는 뜻을 나타내요.

사진을 보고 '지금'과 '시대'를 나타내는 한자를 쓰는 순서에 맞게 따라 써 보세요.

나타날 현

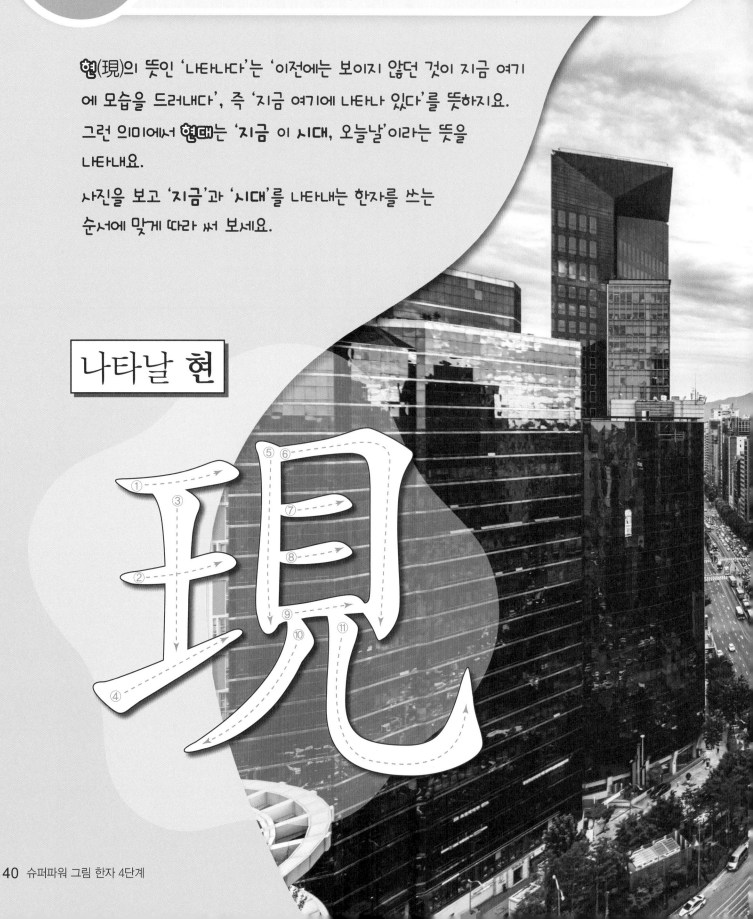

대신할 대

代

# 나타날 현

'나타나다', '드러나다', '지금'이라는 뜻이고,
'현'이라고 읽어요.
'현대', '출현', '현금' 할 때 쓰는 한자예요.

구슬(玉)을 갈고 닦으면 반짝반짝 빛이 드러나 보이는(見)
모습에서 '나타나다'의 뜻을 나타내게 되었어요.

現 現 現 現 現 現 現 現 現 現 現　부수 王(玉)　총획 11획

　現　現　現　現

# 대신할 대

'**대신하다**', '**시대**', '**번갈아**'라는 뜻이고,
'**대**'라고 읽어요.
'**대표**', '**세대**', '**교대**' 할 때 쓰는 한자예요.

人(사람 인)과 弋(주살 익)이 합쳐진 글자로, 줄이 달린 화살로
사냥하면 직접 뛰어가지 않아도 잡을 수 있으니, 사람을 대신한다
해서 만들어진 글자예요.

부수 イ(人)  총획 5획

# 圖 자와 形 자를 배워요.

그림의 **모양**이나 형태 등 다양한 시각적 형상 또는 점, 선, 면, 체 등이 모여서
이루어진 사각형, 원, 구 등을 **도형**이라고 해요.
사진을 보고 '그림'과 '모양'을 나타내는 한자를 쓰는 순서에 맞게 따라 써 보세요.

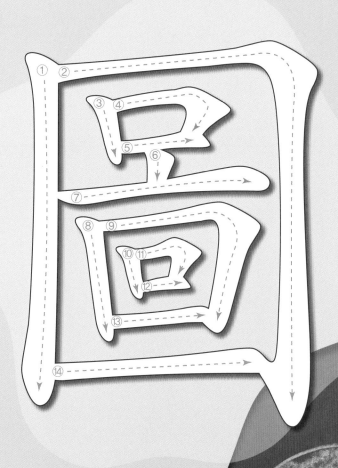

그림 도

모양 형

形

# 그림 도

'그림', '그리다'라는 뜻이고, '도'라고 읽어요.
'도형', '지도', '도서' 할 때 쓰는 한자예요.

처음에는 땅의 경계 구역을 나누어 그린 그림, 즉 지도를
의미했지만, 그림으로 나타낸 모습에서 '그리다', '그림'의 뜻만
남았어요.

圖 圖 圖 圖 圖 圖 圖 圖 圖 圖 圖 圖 圖 圖    부수 囗    총획 14획

# 모양 형

形

'모양', '상황'이라는 뜻이고, '형'이라고 읽어요.
'형상', '지형', '형편' 할 때 쓰는 한자예요.

종이 위에 일정한 간격과 균형을 잡아주는 격자형의
틀(开)을 놓고 붓(彡)으로 글이나 어떤 사물의 모양을
그려내는 모습에서 '모양'의 뜻을 나타내게 되었어요.

形 形 形 形 形 形 形

부수 彡   총획 7획

  形   形   形   形

# 始 자와 球 자를 배워요.

프로 야구를 보러 가면 경기 시작을 알리기 위해 유명인이 마운드에 올라 **처음**으로 공을 던지는 걸 본 적 있나요? 이 같은 **시구**는 야구 경기에서 빼놓을 수 없는 재미있는 볼거리예요.

사진을 보고 '처음'과 '공'을 나타내는 한자를 쓰는 순서에 맞게 따라 써 보세요.

비로소 시

공 구

# 비로소 시

'비로소(처음)'라는 뜻이고, '시'라고 읽어요.
'시작', '시구', '개시' 할 때 쓰는 한자예요.

여자의 배 속에 아이가 생기는 일은 생명의 시작이라 하여
'비로소(처음)'의 뜻을 나타내게 되었어요.

始 始 始 始 始 始 始 始

| 부수 | 女 | 총획 | 8획 |

始 始 始 始

## 공구

'공', '둥글다'라는 뜻이고, '구'라고 읽어요.
'구기', '구장', '지구' 할 때 쓰는 한자예요.

처음에는 공처럼 둥글게 깎아놓은 옥구슬을 의미했지만,
그 생긴 모양에서 '공', '둥글다'의 뜻만 남게 되었어요.

球 球 球 球 球 球 球 球 球 球 球    부수 王(玉)    총획 11획

 球　　球　　球　　球

# 公 자와 共 자를 배워요.

공원이나 공중화장실, 놀이터 등 여러 사람이 **함께** 사용하는 **공공**시설이나 **공공**장소는 아끼며 깨끗하게 사용해야 해요. 사진을 보고 '**여러 사람**'과 '**함께**'를 나타내는 한자를 쓰는 순서에 맞게 따라 써 보세요.

공평할 공

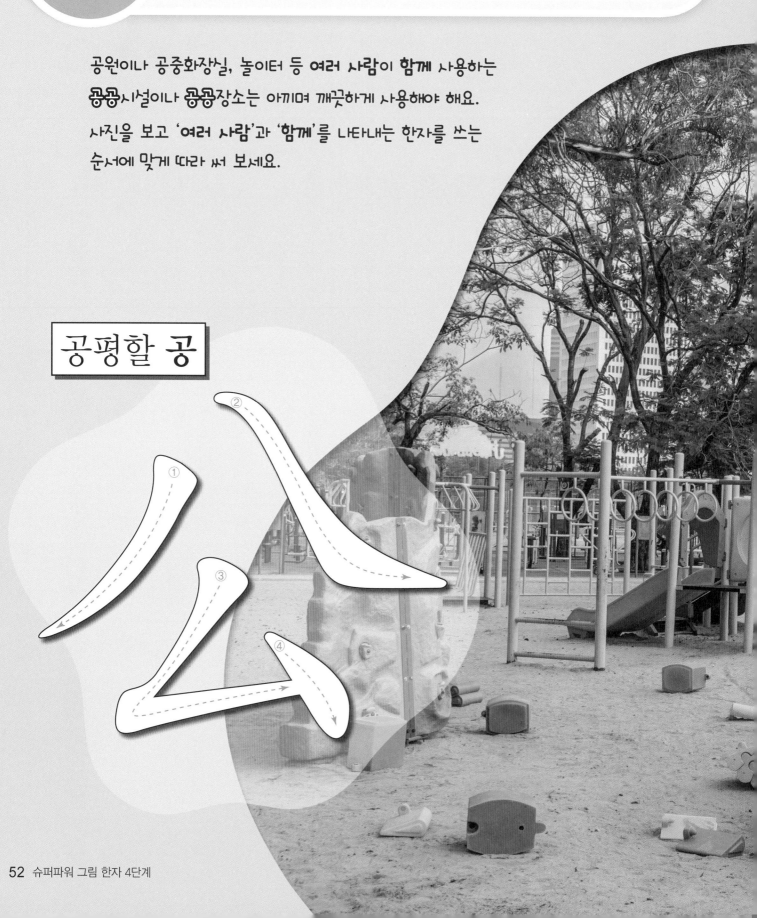

한가지 공

共

## 공평할 공

'공평하다', '여러 사람'이라는 뜻이고, '공'이라고 읽어요.

'공정', '공연', '공원', '공금' 할 때 쓰는 한자예요.

어느 한쪽으로 치우침 없이 누구에게나 똑같이 나눈다고 하여 '공평하다'의 뜻을 나타내게 되었어요.

公 公 公 公

부수 八   총획 4획

# 한가지 공

'한가지'는 개수의 '하나'가 아니라 '형태나 성질, 동작 등이 서로 같은 것'을 말해요.

'한가지', '함께', '공공의'라는 뜻이고,
'공'이라고 읽어요.
'공동', '공감', '공통', '공공' 할 때 쓰는 한자예요.

스무 사람(廿)이 두 손(八)을 모아 하나의 일을 해내는 모습에서
'함께'의 뜻을 나타내게 되었어요.

共 共 共 共 共 共

부수 八    총획 6획

共        共        共        共        共

# Day 10 注 자와 意 자를 배워요.

계단 **주의**, 미끄럼 **주의**, 보행 **주의** 등등 우리 주변에는 **주의**가 필요한 상황을 알리는 표지판들이 곳곳에 있어요. 우리 친구들 주변에는 어떤 **주의** 표지판이 있는지 한번 둘러보세요.

사진을 보고 '쏟다'와 '마음'을 나타내는 한자를 쓰는 순서에 맞게 따라 써 보세요.

부을 주

정지
STOP

미끄럼주의

CAUTION

뜻 의

意

## 부을 주

'(액체나 가루 등을)붓다, 채워 넣다', '(힘이나 뜻 등을)쏟다'라는 뜻이고, '주'라고 읽어요.
'주입', '주력', '주목', '주사' 할 때 쓰는 한자예요.

물이 필요한 곳에 물을 대는 상황을 표현한 데서 '붓다'의 뜻을
나타내게 되었어요.

注 注 注 注 注 注 注 注

부수 氵(水)  총획 8획

# 意

## 뜻 의

'뜻', '생각', '마음'이라는 뜻이고,
'의'라고 읽어요.
'의미', '고의', '주의', '의지' 할 때 쓰는
한자예요.

心(마음 심)과 音(소리 음)이 합쳐진 글자로, 마음속의 생각을
소리로 표현한 데서 '뜻', '마음'의 뜻을 나타내게 되었어요.

意意意意意意意意意意意意意 **부수** 心 **총획** 13획

## 나는야 급수왕!

**1.** 다음 한자에 맞는 뜻과 독음(읽는 소리)을 찾아 줄을 잇고 큰 소리로 읽어 보세요.

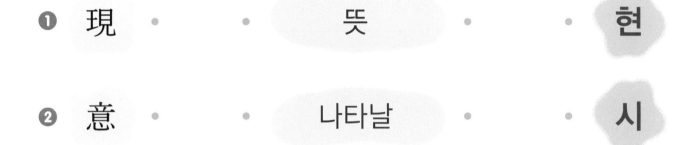

| ① 現 | • | • | 뜻 | • | • | 현 |
| ② 意 | • | • | 나타날 | • | • | 시 |
| ③ 始 | • | • | 비로소 | • | • | 의 |

**2.** 다음 그림을 보고 연상되는 한자의 뜻과 독음(읽는 소리)을 써 보세요.

①

'**도**형', '지**도**', '**도**서' 할 때 쓰는 한자예요.

뜻           음

②

'**구**기', '**구**장', '지**구**' 할 때 쓰는 한자예요.

뜻           음

**3.** 다음 설명에 맞는 낱말을 한자로 바르게 쓴 것을 고르세요.

보기

ㄱ 球形　　　ㄴ 公正　　　ㄷ 出現　　　ㄹ 地形

❶ 땅의 생긴 **모양**.

❷ **나타나** 드러남 또는 **나타나서** 보임.

❸ **공평**하고 올바름.

**4.** 다음 밑줄 친 낱말의 독음(읽는 소리)을 보기에서 찾아 바르게 써 보세요.

보기

도서　　　　　공용　　　　　공동　　　　　지구

❶ 우리는 하나밖에 없는 <u>地球</u>를 아끼고 보존해야 해요.

❷ 이 <u>圖書</u>관에는 200만 권이 넘는 <u>圖書</u>가 소장되어
있어요.

❸ 물건을 <u>共同</u>으로 구매하면 훨씬 저렴한 가격으로
구매할 수 있어요.

**5.** 다음 밑줄 친 낱말의 한자를 보기에서 찾아 바르게 써 보세요.

現金　　　　現代　　　　公共　　　　注意

① 아직도 지구상에는 **현대** 문명의 불모지로 남아 있는 곳이 많아요.

② **공공**시설은 개인 소유가 아니기 때문에 더욱 아껴서 사용해야 해요.

③ 신호등이 있는 횡단보도에서도 길을 건널 때는 **주의**가 필요해요.

**6.** 다음 뜻과 음에 알맞게 한자를 완성하고 누락된 획은 몇 번째 쓰는 획인지 써 보세요.

① 代　　　총 5획 중 _____ 번째
　　대신할 **대**

② 注　　　총 8획 중 _____ 번째
　　부을 **주**

③ 形　　　총 7획 중 _____ 번째
　　모양 **형**

④ 始　　　총 8획 중 _____ 번째
　　비로소 **시**

**7.** 다음 이야기를 읽고, 속담과 고사성어를 천천히 따라 써 보세요.

사공은 배를 부리는 일을 직업으로 하는 사람이에요. 이런 사공이 한배에 여러 명이 타고 있다면 어떨까요? 배를 여럿이 함께 힘을 모아 저으면 힘차게 나아갈 수 있지만, 그 방향이 제각각이라면 앞으로 나아가기 어려울 거예요. 이처럼 여러 사람이 모여 함께 일을 하는데 저마다 제 주장대로 하다 보면 결국 일이 성공하기 어렵다는 뜻으로 쓰이는 속담이 '사공이 많으면 배가 산으로 간다'예요.

비슷한 뜻을 가진 고사성어로는 '한 나라에 삼공이 있다'라는 뜻의 '일국삼공(一國三公)'이라는 말이 있어요. 명령을 내리는 윗사람이 많아 누구의 말을 따라야 할지 알 수 없을 때를 비유한 것이지요.

사공이 많으니까 배가 산으로 왔네.

✏️ 속담 쓰기

| 사 | 공 | 이 | | 많 | 으 | 면 | | 배 | 가 |
|---|---|---|---|---|---|---|---|---|---|
| 산 | 으 | 로 | | 간 | 다 | | | | |
| | | | | | | | | | |

✏️ 고사성어 쓰기

| 一 | 國 | 三 | 公 |
|---|---|---|---|
| 한 **일** | 나라 **국** | 석 **삼** | 공평할 **공** |

# 나는야 놀이왕!

얼음 ╳ 바다   북극곰이 얼음 바다를 건널 수 있게 도와주세요! 바다를 건너려면 부빙에 숨어있는 세 개의 한자어를 한자와 뜻, 음 순서대로 밟고 지나가야 해요.

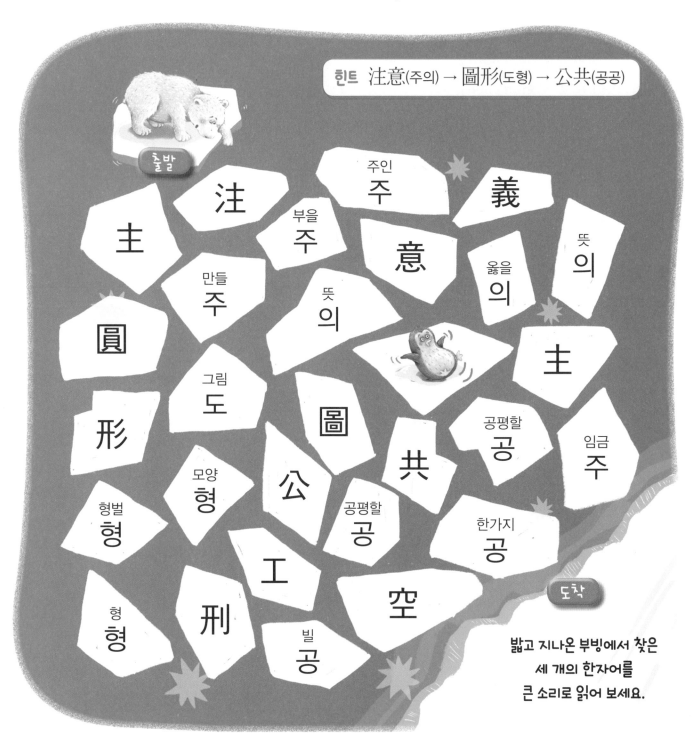

힌트 注意(주의) → 圖形(도형) → 公共(공공)

밟고 지나온 부빙에서 찾은
세 개의 한자어를
큰 소리로 읽어 보세요.

네 개의 한자가 있어요. 각 한자가 쓰인 한자어를 찾아 동그라미표 하세요. 그리고 큰 소리로 읽으면서 써 보세요.

公
공평할 공

공부 공평

平

球
공 구

구장 구두

場

現
나타날 현

현관 현금

金

始
비로소 시

시동 시계

動

# 3주차

**11일** 光 자와 明 자를 배워요.

**12일** 發 자와 表 자를 배워요.

**13일** 和 자와 音 자를 배워요.

**14일** 成 자와 功 자를 배워요.

**15일** 集 자와 會 자를 배워요.

**놀이왕** 가을 운동회 / 알록달록 색칠하기

# 光 자와 明 자를 배워요.

**Day 11**

태양이 뜨면 세상은 빛으로 밝고 환해지요. 사람들은 예로부터
**광명**한 태양의 빛을 신비로운 신령의 빛이라 생각해서
좋은 일이 일어날 징조로 여겼다고 해요.
사진을 보고 '빛'과 '밝다'를 나타내는 한자를 쓰는
순서에 맞게 따라 써 보세요.

빛 광

밝을 명

# 빛 광

光

'**빛**', '**영예**'라는 뜻이고, '**광**'이라고 읽어요.
'광명', '발광', '후광', '영광' 할 때 쓰는 한자예요.

사람(人)이 횃불(火)을 높이 들어 주위가 밝게 빛나는
상황을 표현한 데서 '빛'의 뜻을 나타내게 되었어요.

光 光 光 光 光 光

부수 儿  총획 6획

  光  光  光  光

# 明

## 밝을 명

'밝다', '확실하다', '나타나다'라는 뜻이고,
'명'이라고 읽어요.
'조명', '명도', '분명', '발명' 할 때 쓰는
한자예요.

해(日)와 달(月)은 밝으니, 어둠에서 밝은 빛을 비추면 '보이지
않던 것이 보이고', '없던 것이 눈에 나타나게' 되지요.

明 明 明 明 明 明 明 明          부수 日   총획 8획

# 發 자와 表 자를 배워요.

오늘 국어 시간에는 봄을 어떻게 즐기며 보내고 싶은지 글을 써보고
**발표**하는 시간을 가졌어요. **발표** 순서는 따로 정하지 않고 먼저
쓴 사람부터 손을 들어 **발표**했어요.

사진을 보고 '드러내다'와 '바깥'을 나타내는 한자를 쓰는
순서에 맞게 따라 써 보세요.

필 발

겉 표

# 필 발

'피다', '쏘다', '드러내다', '일어나다'라는
뜻이고, '발'이라고 읽어요.
'발화', '발사', '발표', '발생' 할 때 쓰는
한자예요.

두 발(癶)로 땅을 딛고 서서 활(弓)을 당겨 화살(殳)을 쏘는
모습에서 '쏘다'의 뜻을 나타내게 되었어요.

發 發 發 發 發 發 發 發 發 發 發 發    부수 癶    총획 12획

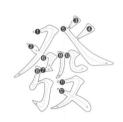    發    發    發    發

# 겉 표

'겉', '바깥', '나타내다'라는 뜻이고,
'표'라고 읽어요.
'표지', '표정', '표면', '도표' 할 때 쓰는
한자예요.

衣(옷 의)와 毛(털 모)가 합쳐진 글자로, 털로 만든 겉옷을
표현한 데서 '겉', '바깥'의 뜻을 나타내게 되었어요.

表 表 表 表 表 表 表 表

**부수** 衣  **총획** 8획

# 和 자와 音 자를 배워요.

이번 음악 시간에는 기본음에 다른 높이의 음을 더해 화음을 넣는 방법을 배웠어요.

그런데 자꾸 옆 친구의 화음을 따라 부르는 저 때문에 교실 안은 웃음바다가 됐어요.

사진을 보고 '어울리다'와 '소리'를 나타내는 한자를 쓰는 순서에 맞게 따라 써 보세요.

화할 화

소리 음 音

# 화할 화

'화하다(사이 좋다)', '온화하다', '어울리다'
라는 뜻이고, '화'라고 읽어요.
'화합', '화목', '화창', '화음' 할 때 쓰는
한자예요.

수확한 벼(禾)를 여럿이 나누어 먹으니(口) 화목하다 해서
'화하다'의 뜻을 나타내게 되었어요.

和 和 和 和 和 和 和 和

| 부수 | 口 | 총획 | 8획 |

 和　和　和　和

# 소리 음

'소리', '음'이라는 뜻이고, '음'이라고 읽어요.
'발음', '고음', '음색', '음악' 할 때 쓰는
한자예요.

'소리'와 '말'을 구별하기 위해 言(말씀 언)에 혀를 표현하는
획을 하나 더 그어 '소리'의 뜻을 나타내게 되었어요.

音 音 音 音 音 音 音 音 音

부수 音  총획 9획

# Day 14 成 자와 功 자를 배워요.

공부에는 **성공**도 실패도 없어요. 어떤 일을 이루기 위해 들인 노력과 수고가 있을 뿐이에요.

사진을 보고 '**이루다**'와 '**공**'을 나타내는 한자를 쓰는 순서에 맞게 따라 써 보세요.

이룰 성

成

공 공

功

# 이룰 성

'이루다', '이루어지다'라는 뜻이고, '성'이라고
읽어요.

'성공', '합성', '성장', '구성' 할 때 쓰는 한자예요.

힘센 장정(丁)이 도끼 같은 도구(戊)를 이용해 무언가를 만들어
완성하는 모습에서 '이루다'의 뜻을 나타내게 되었어요.

부수 戈 총획 7획

功

# 공 공

'공(공로)'이라는 뜻이고, '공'이라고 읽어요.

'공로', '공덕', '유공자', '공덕' 할 때 쓰는 한자예요.

힘써서 어려운 일을 해내는 모습에서 '공로'의 뜻을 나타내게 되었어요.

功 功 功 功 功

부수 **力**　총획 5획

功　功　功　功

# Day 15 集 자와 會 자를 배워요.

도심 광장에서 평화를 염원하는 대규모 촛불 집회가 열렸어요.
집회에 참가한 사람은 어림수로 몇백은 넘어 보였어요.
사진을 보고 '모이다'와 '모임'을 나타내는 한자를 쓰는 순서에 맞게
따라 써 보세요.

모을 집

모일 회

會

# 모을 집

'모으다', '모이다'라는 뜻이고, '집'이라고 읽어요.

'모집', '집중', '집회', '수집' 할 때 쓰는 한자예요.

많은 새가 나무 위에 모여 앉아 있는 모습에서 '모으다'의 뜻을 나타내게 되었어요.

集 集 集 集 集 集 集 集 集 集 集 集　　부수 隹　총획 12획

# 모일 회

'모이다', '모임'이라는 뜻이고, '회'라고
읽어요.
'회의', '대회', '회장' 할 때 쓰는 한자예요.

시루 뚜껑과 시루가 합쳐진 모습에서 '모이다'의 뜻을
나타내게 되었어요.

會 會 會 會 會 會 會 會 會 會 會 會 會　　부수 曰　　총획 13획

## 나는야 곱수왕!

**1.** 다음 한자에 맞는 뜻과 독음(읽는 소리)을 찾아 줄을 잇고 큰 소리로 읽어 보세요.

❶ 和 ・          ・ 공          ・          ・ 화

❷ 明 ・          ・ 밝을          ・          ・ 명

❸ 功 ・          ・ 화활          ・          ・ 공

**2.** 다음 그림을 보고 연상되는 한자의 뜻과 독음(읽는 소리)을 써 보세요.

❶     '모**집**', '**집**중', '**집**회', '수**집**' 할 때 쓰는 한자예요.

뜻                          음

❷     '**광**명', '발**광**', '후**광**', '영**광**' 할 때 쓰는 한자예요.

뜻                          음

**3.** 다음 설명에 맞는 낱말을 한자로 바르게 쓴 것을 고르세요.

> 보기
>
> ㄱ 平和　　　ㄴ 不和　　　ㄷ 表紙　　　ㄹ 會長

❶ 책의 **겉**을 둘러싼 종이.

❷ **모임**을 대표하고 책임지는 사람.

❸ 서로 **사이좋게** 어울리지 못함.

**4.** 다음 밑줄 친 낱말의 독음(읽는 소리)을 보기에서 찾아 바르게 써 보세요.

> 보기
>
> 발명　　　표현　　　성공　　　발음

❶ 이 영화는 흥행에 **成功**했지만 평가는 극과 극으로 갈렸어요.

❷ 모음 'ㅐ'와 'ㅔ'는 **發音**을 구별해 내기 쉽지 않아요.

❸ 자신의 생각과 감정을 말과 글로 **表現**해 보세요.

**5.** 다음 밑줄 친 낱말의 한자를 보기에서 찾아 바르게 써 보세요.

集會          集中          和音          發明

❶ 내가 노래를 부르자 그는 낮고 조용한 목소리로 <u>화음</u>을 넣기 시작했어요.

❷ 많은 사람이 이번 <u>집회</u>에 참관했어요.

❸ 제 동생은 이번 <u>발명</u> 대회에서 우리 학교 <u>발명</u>왕으로 뽑혔어요.

**6.** 다음 뜻과 음에 알맞게 한자를 완성하고 누락된 획은 몇 번째 쓰는 획인지 써 보세요.

❶ 光    총 6획 중     번째
빛 광

❷ 音    총 9획 중     번째
소리 음

❸ 成    총 7획 중     번째
이룰 성

❹ 會    총 13획 중     번째
모일 회

**7.** 다음 이야기를 읽고, 속담과 고사성어를 천천히 따라 써 보세요.

　미천한 집안이나 변변하지 못한 부모에게서 훌륭한 인물이 나올 때가 있어요. '개천에서 용 난다'라는 속담은 이럴 때 쓰이는 말이에요. 예로부터 우리 선조들은 상상 속 동물인 용을 매우 영험하고 귀한 존재로 생각해 왔어요. 이렇게 신성한 용이 허드렛물이 흐르는 개천에서 산다는 건 어려운 일이지요. 그만큼 주어진 환경이나 조건이 매우 나쁜 상황에서 뛰어난 인물이 난 것을 표현한 말이에요.

　비슷한 뜻을 가진 고사성어로는 '형설지공(螢雪之功)'이라는 말이 있어요. '반딧불이나 하얀 눈에 반사되는 빛으로 어렵게 글을 읽어 이룬 공'이라는 뜻으로, 어려움을 이겨 내고 공부하여 원하는 결실을 이루는 자세를 나타낸 말이에요.

✏️ **속담 쓰기**

| 개 | 천 | 에 | 서 |  | 용 |  | 난 | 다 |  |
|---|---|---|---|---|---|---|---|---|---|
| 개 | 천 | 에 | 서 |  | 용 |  | 난 | 다 |  |
|  |  |  |  |  |  |  |  |  |  |

✏️ **고사성어 쓰기**

| 螢 | 雪 | 之 | 功 |
|---|---|---|---|
| 반딧불이 **형** | 눈 **설** | 갈 **지** | 공 **공** |

# 나는야 놀이왕!

가을 운동회 하늘에 펄럭이는 만국기에 한자들이 숨어 있어요. 보기에 주어진 다섯 개의
한자어를 찾아 선으로 이어 보세요. 그리고 큰 소리로 읽어 보세요.

보기 表現(표현), 發明(발명), 會長(회장), 和音(화음), 成功(성공)

그림 속에 무엇이 숨어 있을까요? 각 한자가 가리키는 색으로 칠해 그림을 완성해 보세요.

光 빛 광
音 소리 음
會 모일 회
功 공 공
集 모을 집
成 이룰 성
表 겉 표
和 화할 화

# 4주차

16일  反자와 省자를 배워요.

17일  分자와 班자를 배워요.

18일  對자와 等자를 배워요.

19일  雪자와 戰자를 배워요.

20일  各자와 界자를 배워요.

놀이왕  긴급 출동 / 알쏭달쏭 선잇기

# 反 자와 省 자를 배워요.

아침에 공연한 심술로 오빠에게 못되게 굴어 놓고,
오히려 오빠 탓을 하며 화를 냈어요. 하지만 바로 후회했어요.
잘못을 반성하고 진심으로 사과하면 오빠도 용서해 주겠죠?
사진을 보고 '돌이키다'와 '깨닫다'를 나타내는 한자를 쓰는
순서에 맞게 따라 써 보세요.

돌이킬/돌아올 반

살필 성, 덜 생

# 돌이킬/돌아올 반

'돌이키다', '돌아오다', '거스르다'라는 뜻이고,
'반'이라고 읽어요.
'반응', '반사', '반대', '반의어' 할 때 쓰는
한자예요.

손으로 어떤 사물을 뒤집는 모습에서 '돌이키다'의 뜻을
나타내게 되었어요.

부수 又   총획 4획

# 살필 성, 덜 생

'살피다', '깨닫다'를 뜻할 때는 '성'이라고 읽고,
'덜다'를 뜻할 때는 '생'이라고 읽어요.
'성묘', '반성', '생략' 할 때 쓰는 한자예요.

작은 것까지 세밀하게 살펴본다는 데서 '살피다'의 뜻, 유심히
살펴 필요 없는 것은 없앤다는 의미에서 '덜다'의 뜻을 나타내게
되었어요.

省省省省省省省省省　　　부수 目　총획 9획

# 分 자와 班 자를 배워요.

매주 화요일은 **분반** 수업이 있는 날이에요. 선생님께 배운 것을 토대로
토론하거나 다양한 체험 활동을 해요. 한 **반**을 여러 반으로 **나누어** 하는
**분반** 수업은 평소보다 집중력이 더 높아지는 것 같아요.

사진을 보고 '**나누다**'와 '**반**'을 나타내는 한자를 쓰는 순서에 맞게 따라 써 보세요.

① ② ③ ④

나눌 분

나눌 반

班

# 나눌 분

'**나누다**'라는 뜻이고, '**분**'이라고 읽어요.
'분리', '성분', '분류', '분수' 할 때 쓰는 한자예요.

칼로 사물을 반으로 나누는 모습에서 '나누다'라는 뜻을
나타내게 되었어요.

分 分 分 分

부수 **刀**  총획 **4획**

分  分  分  分

## 나눌 반

'나누다', '반, 학급'이라는 뜻이고,
'반'이라고 읽어요.
'분반', '합반', '반장' 할 때 쓰는 한자예요.

증표로 두 개의 옥(珏)을 칼(刀)로 나누어 하나씩 가진
것에서 '나누다'의 뜻을 나타내게 되었어요.

班 班 班 班 班 班 班 班 班 班    부수 王(玉)    총획 10획

班　　　班　　　班　　　班

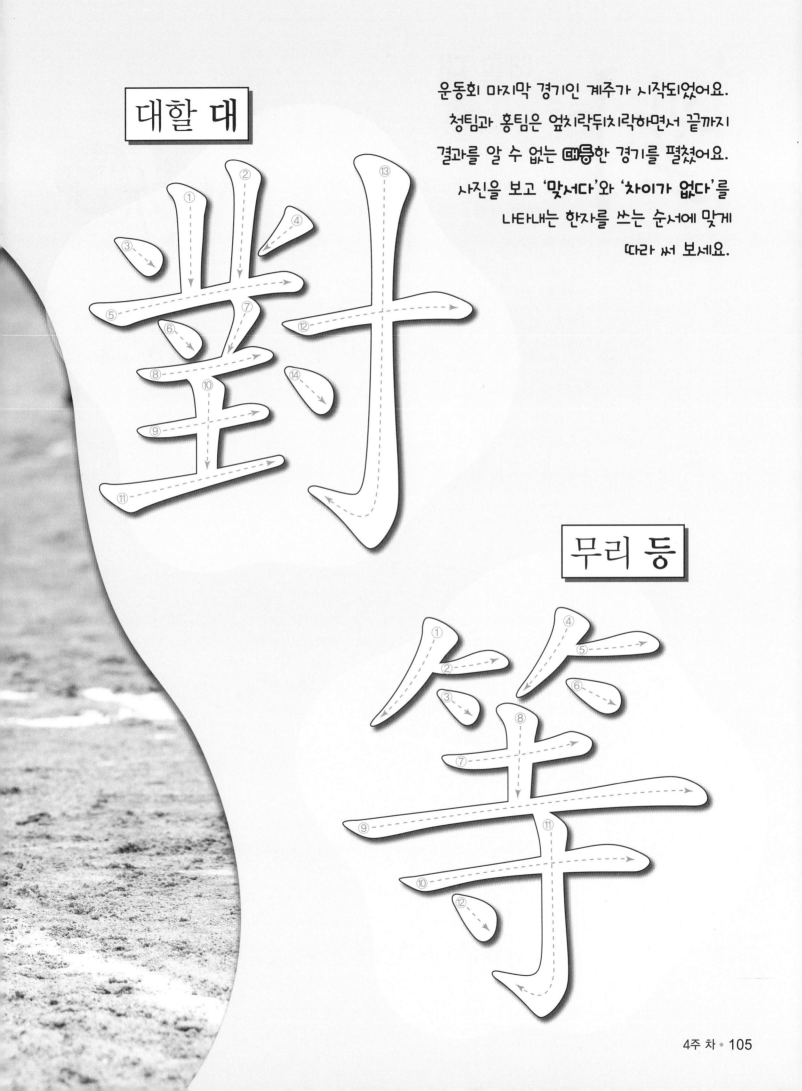

대할 대

무리 등

운동회 마지막 경기인 계주가 시작되었어요.
청팀과 홍팀은 엎치락뒤치락하면서 끝까지
결과를 알 수 없는 대등한 경기를 펼쳤어요.
사진을 보고 '맞서다'와 '차이가 없다'를
나타내는 한자를 쓰는 순서에 맞게
따라 써 보세요.

## 대할 대

'대하다', '마주하다', '맞서다'라는 뜻이고,
'대'라고 읽어요.
'대화', '상대', '대답', '대결' 할 때 쓰는
한자예요.

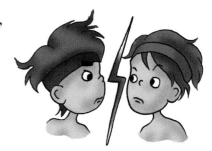

'촛대'를 '손'에 들고 주변을 밝혀 손님을 마주했다는 데서
'대하다'의 뜻을 나타내게 되었어요.

對 對 對 對 對 對 對 對 對 對 對 對 對 對  부수 寸  총획 14획

# 무리 등

'무리', '등급', '차이가 없다'라는 뜻이고,
'등'이라고 읽어요.
'등분', '초등', '동등', '대등' 할 때 쓰는
한자예요.

관청에서 대나무 조각으로 만든 서류를 종류에 따라 등급별로
분류하여 가지런히 놓아둔 모습에서 만들어진 글자예요.

等 等 等 等 等 等 等 等 等 等 等 等　　부수 竹　총획 12획

# 雪 자와 戰 자를 배워요.

**눈싸움** 또는 한자어로 **설전**은 세계 어디든 벌어지는 대표적인 겨울철 놀이지요. 단순하게 눈을 뭉쳐서 던지며 **싸우는** 놀이에 불과하지만, 눈이 많이 내리는 북유럽이나 일본에서는 정식 **눈싸움** 대회가 열리기도 해요.

사진을 보고 '눈'과 '싸움'을 나타내는 한자를 쓰는 순서에 맞게 따라 써 보세요.

눈 설

싸움 전 戰

# 눈 설

'눈', '흰색'이라는 뜻이고, '설'이라고 읽어요.
'폭설', '설원', '설전', '설탕' 할 때 쓰는
한자예요.

비처럼 하늘에서 내리는 것인데 손(크)으로 뭉쳐 쥘 수 있는
것이라 해서 '눈'의 뜻을 나타내게 되었어요.

雪 雪 雪 雪 雪 雪 雪 雪 雪 雪 雪    부수 雨  총획 11획

 雪 雪 雪 雪

## 싸움 전

'싸움', '전쟁, 전투'라는 뜻이고, '전'이라고
읽어요.
'도전', '출전', '휴전' 할 때 쓰는 한자예요.

창과 같은 무기를 들고 싸우는 모습에서 '싸움'이라는 뜻을
나타내게 되었어요.

戰 戰 戰 戰 戰 戰 戰 戰 戰 戰 戰 戰 戰 戰 戰 戰   부수 戈   총획 16획

   戰   戰   戰   戰

# Day 20 各 자와 界 자를 배워요.

지구가 많이 아파하고 있어요. 환경 보호에 대한 **각계**각층의

관심과 참여가 그 어느 때보다도 필요해요.

사진을 보고 '각각'과 '분야'를 나타내는 한자를 쓰는 순서에 맞게 따라 써 보세요.

各 각각 각

지경 계

# 각각 각

'각각', '따로따로'라는 뜻이고, '각'이라고 읽어요.
'각자', '각국', '각지', '각계' 할 때 쓰는 한자예요.

여러 사람이 동시에 출발했지만, 도착은 제각각인 것에서 '각각'의 뜻을 나타내게 되었어요.

各 各 各 各 各 各

부수 口    총획 6획

## 지경 계

'지경(경계)', '경계 안', '활동 분야'라는
뜻이고, '계'라고 읽어요.
'한계', '세계', '외계', '학계' 할 때 쓰는
한자예요.

밭과 밭 사이에 난 길이 땅의 경계를 구분한다고 해서
'지경'의 뜻을 나타내게 되었어요.

界 界 界 界 界 界 界 界 界

**부수** 田 **총획** 9획

# 나는야 급수왕!

**1.** 다음 한자에 맞는 뜻과 독음(읽는 소리)을 찾아 줄을 잇고 큰 소리로 읽어 보세요.

❶ 各   ·    ·   각각   ·    ·   반

❷ 界   ·    ·   지경   ·    ·   계

❸ 反   ·    ·   돌이킬/돌아올   ·    ·   각

**2.** 다음 그림을 보고 연상되는 한자의 뜻과 독음(읽는 소리)을 써 보세요.

❶

'분리', '성분', '분류', '분수' 할 때 쓰는 한자예요.

뜻                   음

❷

'전쟁', '도전', '출전', '휴전' 할 때 쓰는 한자예요.

뜻                   음

**3.** 다음 설명에 맞는 낱말을 한자로 바르게 쓴 것을 고르세요.

> 보기
>
> ㉠ 班長　　　㉡ 等分　　　㉢ 同等　　　㉣ 對話

❶ **마주하여** 이야기를 주고받음.

❷ 학교에서 **학급**을 대표하는 사람.

❸ **등급**이나 정도가 같음 또는 자격이나 입장이 같음.

**4.** 다음 밑줄 친 낱말의 독음(읽는 소리)을 보기에서 찾아 바르게 써 보세요.

> 보기
>
> 대설　　　출전　　　출발　　　각계

❶ 아침부터 계속 내리는 눈으로 대관령에는 **大雪** 주의보가
발령됐어요.

❷ 좀처럼 보기 힘든 사회 **各界**각층의 유명인사들이
한 자리에 모였어요.

❸ 저희 가족은 이번 마라톤 대회에 모두 **出戰**하기로 했어요.

**5.** 다음 밑줄 친 낱말의 한자를 보기에서 찾아 바르게 써 보세요.

> 보기
>
> 對等        反對        反省        分班

❶ 이번 학기에는 <u>분반</u>하여 반이 하나 더 개설되었어요.

❷ 두 사람의 실력은 <u>대등</u>해서 섣불리 승부를 예상하기 어려워요.

❸ 그는 잘못을 뉘우치고 <u>반성</u>의 눈물을 흘렸어요.

**6.** 다음 뜻과 음에 알맞게 한자를 완성하고 누락된 획은 몇 번째 쓰는 획인지 써 보세요.

❶ 省

총 9획 중

_____ 번째

살필 **성**, 덜 **생**

❷ 對

총 14획 중

_____ 번째

대할 **대**

❸ 班

총 10획 중

_____ 번째

나눌 **반**

❹ 雪

총 11획 중

_____ 번째

눈 **설**

**7.** 다음 이야기를 읽고, 속담과 고사성어를 천천히 따라 써 보세요.

속담 '굼벵이도 구르는 재주가 있다'는 무슨 뜻일까요? 굼벵이처럼 굼뜨고 느린 동물도 데굴데굴 굴러가는 것은 참 잘한대요. 이처럼 겉으로 보기에는 능력이 없어 보이는 사람일지라도 한 가지 재주는 있다는 뜻이에요. 이 속담처럼 열 명의 사람에게는 열 가지 재주가 있어요. 사람마다 잘하는 것이 다를 뿐이지요. 여러분의 재주는 무엇인가요?

같은 뜻을 가진 고사성어로는 '사람마다 각기 장점이나 잘하는 재주를 지니고 있다'는 뜻을 가진 '각유소장(各有所長)'이라는 말이 있어요.

✏️ 속담 쓰기

| 굼 | 벵 | 이 | 도 | | 구 | 르 | 는 | | 재 |
|---|---|---|---|---|---|---|---|---|---|
| 주 | 가 | | 있 | 다 | | | | | |
| | | | | | | | | | |

✏️ 고사성어 쓰기

| 各 | 有 | 所 | 長 |
|---|---|---|---|
| 각각 **각** | 있을 **유** | 바 **소** | 길 **장** |

# 나는야 놀이왕!

긴급 ✕출동   불이 났어요! 소방차가 길을 헤매지 않고 제대로 도착할 수 있도록 갈림길에 있는 한자어의 바른 독음을 따라 길을 찾아주세요.

알쏭달쏭 선 잇기

한자 또는 한자어에 알맞은 그림을 찾아 선으로 이어 보세요.
그리고 큰 소리로 읽어 보세요.

各國

分

反對

戰

雪

對話

# 5주차

**21일** 角 자와 窓 자를 배워요.

**22일** 果 자와 計 자를 배워요.

**23일** 題 자와 消 자를 배워요.

**24일** 半 자와 短 자를 배워요.

**25일** 信 자와 童 자를 배워요.

**놀이왕** 도전! 둥지 정리 / 알쏭달쏭 한자어 찾기

# 角 자와 窓 자를 배워요.

Day 21

창문은 대부분 네 개의 **각**이 있는 네모로 된 모양이 많아요.
이렇게 **각**진 모양의 **창문**을 **각창**이라고 해요.
사진을 보고 '각도'와 '창'을 나타내는 한자를
쓰는 순서에 맞게 따라 써 보세요.

뿔 각

窓

창 창

# 角

## 뿔 각

'뿔', '각도'라는 뜻이고, '각'이라고 읽어요.
'두각', '사각', '각목', '시각' 할 때 쓰는
한자예요.

뾰족하고 각진 동물의 뿔을 본뜬 것에서 만들어진 글자예요.

角 角 角 角 角 角 角

부수 角　총획 7획

 角　　角　　角　　角

# 창 창

'창'이라는 뜻이고, '창'이라고 읽어요.
'창문', '차창', '창구', '각창' 할 때 쓰는
한자예요.

밝은(悤) 빛이 들어오는 구멍(穴)이라는 뜻에서 만들어진
글자예요.

窓 窓 窓 窓 窓 窓 窓 窓 窓 窓 窓　　부수 穴　총획 11획

# Day **22** 果 자와 計 자를 배워요.

바나나, 사과, 수박, 포도…, 먹고 싶은 **과일**을 장바구니에 모두 담았어요.

총 몇 개의 **과일**을 담았는지 함께 **세어** 볼까요?

사진을 보고 '과일'과 '세다'를 나타내는 한자를 쓰는 순서에 맞게 따라 써 보세요.

실과/열매 **과**

셀 **계**

# 실과/열매 과

'**과일**', '**열매**', '**결과**'라는 뜻이고,
'**과**'라고 읽어요.
'**사과**', '**과수원**', '**견과**', '**성과**' 할 때 쓰는
한자예요.

나무에 열매가 주렁주렁 매달려 있는 과일나무를 본뜬 것에서
만들어진 글자예요.

果 果 果 果 果 果 果 果

부수 **木**  총획 8획

# 셀 계

'세다', '셈하다', '계산하다'라는 뜻이고,
'계'라고 읽어요.
'계산', '계량', '집계', '합계' 할 때 쓰는 한자예요.

말(言)로 수(十)를 세는 모습에서 만들어진 글자예요.

計 計 計 計 計 計 計 計 計

부수 言　총획 9획

　計　計　計　計

# Day 23 題 자와 消 자를 배워요.

초등교과 연계    한자 급수    초등 한자    하루 한 장

방금 전까지 있던 책 제목이 갑자기 사라졌어요! 하루 한 장 매일 공부하면 한자 슈퍼파워가
생기는 이 책 제목이 뭐였지요?

사진을 보고 '제목'과 '사라지다'를 나타내는
한자를 쓰는 순서에 맞게 따라 써 보세요.

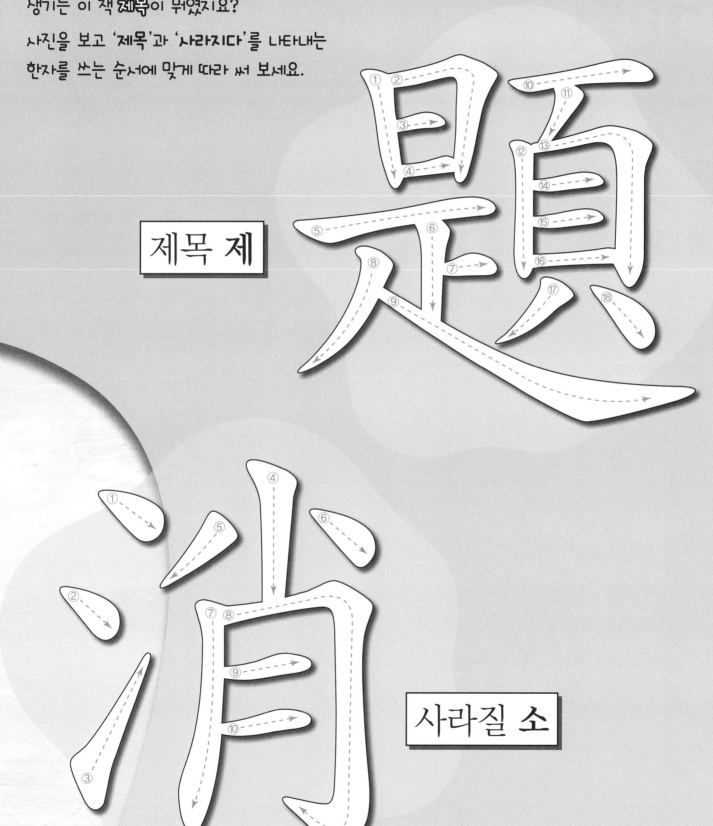

제목 제

사라질 소

# 제목 제

**'제목'**이라는 뜻이고, '제'라고 읽어요.
'문제', '주제', '제목', '과제' 할 때 쓰는
한자예요.

글의 내용을 옳게(是) 알 수 있는 글의 머리(頁)라 하여
'제목'의 뜻을 나타내게 되었어요.

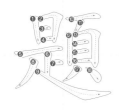

題 題 題 題 題 題 題 題 題 題 題 題 題 題
題 題 題 題

부수 **頁**   총획 **18획**

# 사라질 소

消

'사라지다', '없애다'라는 뜻이고,
'소'라고 읽어요.

'소멸', '소화', '소비' 할 때 쓰는 한자예요.

물(水)이 점점 줄어들어(肖) 말라 없어지는 모습에서
'사라지다'의 뜻을 나타내게 되었어요.

消 消 消 消 消 消 消 消 消 消    부수 氵(水)   총획 10획

消　　消　　消　　消　　消

# Day 24 半 자와 短 자를 배워요.

엄마가 이젠 키가 커서 입지 못하는 긴 바지를 **반**으로 잘라 **짧은** 반바지로 만들어 주셨어요. 평소 좋아했던 바지로 만든 옷이라 너무 마음에 들어요.

사진을 보고 '반'과 '짧다'를 나타내는 한자를 쓰는 순서에 맞게 따라 써 보세요.

반 반

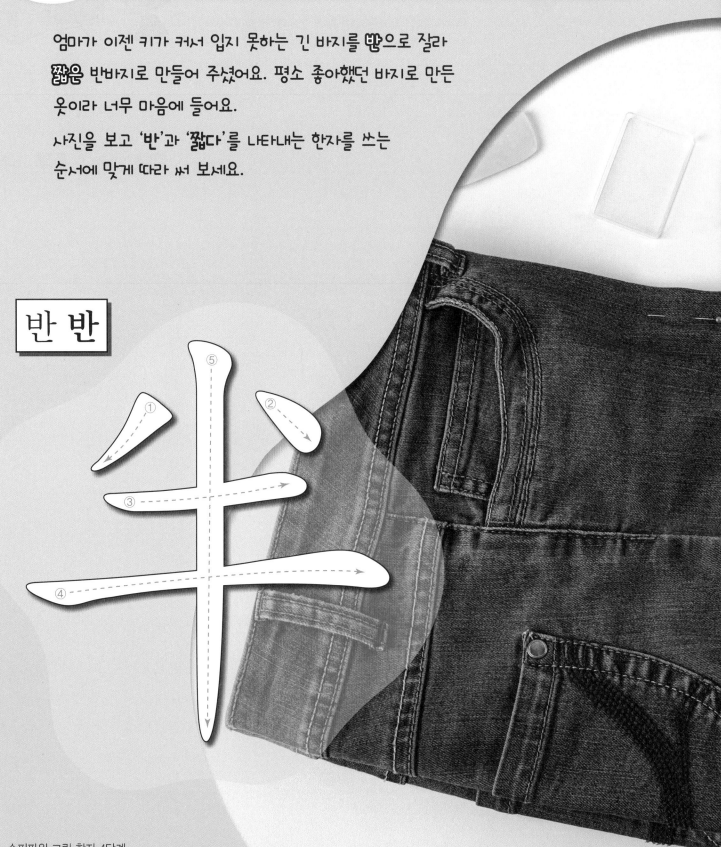

짧을 **단**

短

# 반 반

'반'이라는 뜻이고, '반'이라고 읽어요.
'절반', '전반', '반바지', '반숙' 할 때 쓰는
한자예요.

소(牛)를 잡아 반으로 나눈(八) 모습에서 '반'의 뜻을
나타내게 되었어요.

半 半 半 半 半

부수 十    총획 5획

半        半        半        半

## 짧을 단

'짧다', '모자라다'라는 뜻이고, '단'이라고 읽어요.
'단발', '단거리', '장단', '단점' 할 때 쓰는
한자예요.

예전에 짧은 사물들을 잴 때, 화살(矢)과 콩(豆)을 이용했던
데서 '짧다'의 뜻을 나타내게 되었어요.

短 短 短 短 短 短 短 短 短 短 短 短　부수 矢　총획 12획

短　短　短　短

# 信 자와 童 자를 배워요.

절에 살면서 부처를 **믿고** 불도를 닦는 스님 중에는 나이가 **어린** 승려도 있어요.

이분들을 동자승이라고 하지요.

사진을 보고 '믿다'와 '어리다'를 나타내는 한자를 쓰는 순서에 맞게 따라 써 보세요.

믿을 신

아이 동

# 믿을 신

'믿다'라는 뜻이고, '신'이라고 읽어요.
'확신', '자신', '신앙', '불신' 할 때 쓰는 한자예요.

사람(人)이 하는 말(言)에는 거짓이 없이 믿을 수 있어야 한다는
뜻에서 만들어진 글자예요.

信 信 信 信 信 信 信 信 信    부수 亻(人)    총획 9획

# 아이 동

'아이', '어린아이'라는 뜻이고, '동'이라고
읽어요.
'아동', '동화', '동심' 할 때 쓰는 한자예요.

마을(里)에 모여 서서(立) 노니는 아이들 모습에서
만들어진 글자예요.

童 童 童 童 童 童 童 童 童 童 童 童 부수 立 총획 12획

**나는야 급수왕!**

**1.** 다음 한자에 맞는 뜻과 독음(읽는 소리)을 찾아 줄을 잇고 큰 소리로 읽어 보세요.

① 角 ·　　　·　반　　　·　　　· 반

② 消 ·　　　·　뿔　　　·　　　· 소

③ 半 ·　　　·　사라질　　　·　　　· 각

**2.** 다음 그림을 보고 연상되는 한자의 뜻과 독음(읽는 소리)을 써 보세요.

①
'아**동**', '**동**화', '**동**심' 할 때 쓰는 한자예요.

뜻　　　　　　음

②
'사**과**', '**과**수원', '견**과**' 할 때 쓰는 한자예요.

뜻　　　　　　음

**3.** 다음 설명에 맞는 낱말을 한자로 바르게 쓴 것을 고르세요.

> **보기**
>
> ㉠ 窓門　　　㉡ 車窓　　　㉢ 長短　　　㉣ 計算

❶ 자동차나 기차 등에 달린 **창문**.

❷ 길고 **짧음** 또는 장점과 단점.

❸ 수를 **세거나** 더하기, 빼기, 곱하기, 나누기 등의 셈.

**4.** 다음 밑줄 친 낱말의 독음(읽는 소리)을 보기에서 찾아 바르게 써 보세요.

> **보기**
>
> 후반　　　불화　　　불신　　　주제

❶ 봄, 여름, 가을, 겨울 사계절을 **主題**로 글짓기를 하는 것이 이번 숙제예요.

❷ 말과 다른 행동은 사람들로 하여금 **不信**을 쌓게 해요.

❸ 우리 팀은 **後半** 43분 추가골로 역전승을 거뒀어요.

**5.** 다음 밑줄 친 낱말의 한자를 보기에서 찾아 바르게 써 보세요.

보기

集會　　　　書信　　　　成果　　　　集計

❶ 우리 팀은 예상을 뛰어넘는 좋은 <u>성과</u>를 거두었어요.

❷ 투표 결과는 <u>집계</u>되는 대로 발표될 예정이에요.

❸ 전화, 인터넷, <u>서신</u>을 통해 상담 할 수 있어요.

**6.** 다음 뜻과 음에 알맞게 한자를 완성하고 누락된 획은 몇 번째 쓰는 획인지 써 보세요.

❶ 窓　　총 11획 중　　번째
창 **창**

❷ 短　　총 12획 중　　번째
짧을 **단**

❸ 童　　총 12획 중　　번째
아이 **동**

❹ 題　　총 18획 중　　번째
제목 **제**

**7.** 다음 이야기를 읽고, 속담과 고사성어를 천천히 따라 써 보세요.

입에 똥을 묻힌 개가 다른 개에게 겨가 묻었다며 흉을 봐요. 더러운 똥에 비하면 겨는 아무 것도 아닌데 말이죠. 우습지요? 이처럼 자기는 더 큰 흉이 있으면서 도리어 남의 작은 흉을 볼 때 쓰이는 속담이 '똥 묻은 개가 겨 묻은 개 나무란다'이에요. 비슷한 뜻으로 쓰이는 '사돈 남 나무란다'라는 속담도 있어요.

같은 뜻을 가진 고사성어로는 '이단공단(以短攻短)'이라는 말이 있어요. '자기의 결점을 생각하지 않고 남의 잘못을 비난한다'는 뜻이에요.

✏️ 속담 쓰기

| 똥 | | 묻 은 | | 개 가 | | 겨 |
|---|---|---|---|---|---|---|
| 묻 | 은 | | 개 | 나 | 무 란 | 다 |
| | | | | | | |

✏️ 고사성어 쓰기

| 以 | 短 | 攻 | 短 |
|---|---|---|---|
| 써 **이** | 짧을 **단** | 칠 **공** | 짧을 **단** |

# 나는야 놀이왕!

**도전!** ✗
**둥지 정리**

둥지 정리를 도와줄 수 있나요? 가로줄과 세로줄, 굵은 선으로 구분된 네 칸 안에 알이 색과 모양이 겹치지 않게 한자와 뜻, 음이 있어야 해요.

果

제목

消

반

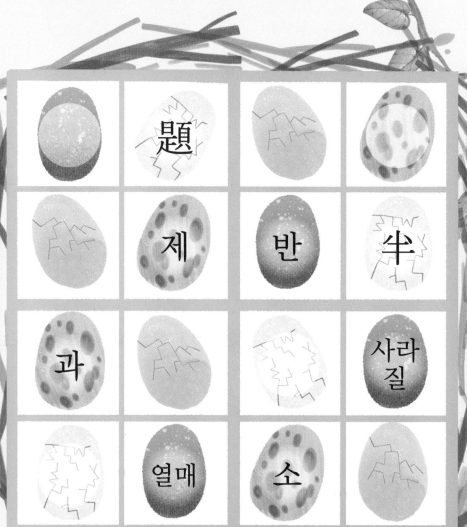

한자 아래 이리저리 엉킨 선을 따라가 해당 한자가 쓰인 다양한
한자어를 알아보세요. 그리고 큰 소리로 읽어 보세요.

童
아이 동

計
셀 계

窓
창 창

角
뿔 각

窓門 창문  童話 동화  計算 계산  四角 사각

車窓 차창  童心 동심  集計 집계  三角 삼각

窓口 창구  童子 동자  時計 시계  角木 각목

한자 파워가 업그레이드 되는

# 슈퍼 부록

- 슈퍼 그림한자50 모아보기
  (한자능력검정시험 6급Ⅱ 75자 중 50자)
- 한자능력검정시험 대비 6급Ⅱ 문제지
- 정답

# 슈퍼 그림한자50 모아보기

본 책에 실린 한자 50자(한자능력검정시험 6급Ⅱ에 속하는 급수 한자 75자 중 50자)를 모두 모아, 찾아보기 쉽도록 가나다 순으로 정리했어요.

**ㄱ**

| | | |
|---|---|---|
| 各 | 각각 각 | 112 |
| 角 | 뿔 각 | 124 |
| 界 | 지경 계 | 112 |
| 計 | 셀 계 | 128 |
| 公 | 공평할 공 | 52 |
| 共 | 한가지 공 | 52 |
| 功 | 공 공 | 80 |
| 果 | 실과/ 열매 과 | 128 |
| 光 | 빛 광 | 68 |
| 球 | 공 구 | 48 |
| 今 | 이제 금 | 16 |

**ㄷ**

| | | |
|---|---|---|
| 短 | 짧을 단 | 136 |
| 堂 | 집 당 | 28 |
| 代 | 대신할 대 | 40 |
| 對 | 대할 대 | 104 |
| 圖 | 그림 도 | 44 |
| 童 | 아이 동 | 140 |
| 等 | 무리 등 | 104 |

**ㅁ**

| | | |
|---|---|---|
| 明 | 밝을 명 | 68 |
| 聞 | 들을 문 | 20 |

**ㅂ**

| | | |
|---|---|---|
| 反 | 돌이킬/돌아올 반 | 96 |
| 班 | 나눌 반 | 100 |
| 半 | 반 반 | 136 |
| 發 | 필 발 | 72 |
| 分 | 나눌 분 | 100 |

**ㅅ**

| | | |
|---|---|---|
| 書 | 글 서 | 28 |
| 雪 | 눈 설 | 108 |
| 成 | 이룰 성 | 80 |
| 省 | 살필 성, 덜 생 | 96 |
| 消 | 사라질 소 | 132 |
| 始 | 비로소 시 | 48 |
| 信 | 믿을 신 | 140 |
| 身 | 몸 신 | 24 |

**ㅇ**

| | | |
|---|---|---|
| 運 | 옮길 운 | 12 |
| 音 | 소리 음 | 76 |
| 意 | 뜻 의 | 56 |

**ㅈ**

| | | |
|---|---|---|
| 昨 | 어제 작 | 16 |
| 戰 | 싸움 전 | 108 |

| | | |
|---|---|---|
| 題 | 제목 제 | 132 |
| 注 | 부을 주 | 56 |
| 集 | 모을 집 | 84 |

**ㅊ**

| | | |
|---|---|---|
| 窓 | 창 창 | 124 |
| 體 | 몸 체 | 24 |

**ㅍ**

| | | |
|---|---|---|
| 表 | 겉 표 | 72 |
| 風 | 바람 풍 | 20 |

**ㅎ**

| | | |
|---|---|---|
| 幸 | 다행 행 | 12 |
| 現 | 나타날 현 | 40 |
| 形 | 모양 형 | 44 |
| 和 | 화할 화 | 76 |
| 會 | 모일 회 | 84 |

*성명과 수험번호를 쓰고 문제지와 답안지는 함께 제출하세요.

성명 _____ 수험번호 ☐☐☐-☐☐-☐☐☐☐

**[問 1-32] 다음 밑줄 친 漢字語의 讀音을 쓰세요.**

〈보기〉
漢字 ➡ 한자

[1] 두 팀은 실력이 **對等**해서 결과를 예상하기 어렵습니다.

[2] 하나밖에 없는 **地球**를 아끼고 보존해야 합니다.

[3] 우리 축구 대표팀은 월드컵 본선 진입에 **成功**했습니다.

[4] 오늘 아침은 밥 **代身** 빵과 우유를 먹었습니다.

[5] 세 개의 선분으로 둘러싸인 평면 **圖形**을 삼각형이라고 합니다.

[6] **世界** 일주 여행을 하는 것이 꿈입니다.

[7] 그는 매일 아침 **運動**을 합니다.

[8] 그에게는 **明白**한 알리바이가 있습니다.

[9] 웬일인지 수진이가 집과 **反對** 방향으로 걸어가고 있었습니다.

[10] 소수를 **分數**로 바꾸어 나타내 보세요.

[11] 형우가 학급 **班長**으로 뽑혔습니다.

[12] 그는 자신만의 뚜렷한 **所信**을 가지고 있습니다.

[13] 서울과 경기 지방에 **大雪** 주의보가 발효되었습니다.

[14] 주말에 군대 간 사촌 오빠를 **面會**하러 갈 예정입니다.

[15] 진호는 도무지 **反省**하는 태도를 보이지 않았습니다.

[16] 신속한 대응으로 다행히 불은 10분 만에 **消火**되었습니다.

[17] **植木日**에 아버지와 나무를 심었습니다.

[18] 이번 재난에 **各界**각층에서 도움의 손길이 이어졌습니다.

[19] 그것은 지금 **主題**와 관련이 없는 내용입니다.

[20] **三角**자를 사려고 문구점에 들렀습니다.

[21] 6·25 전쟁은 **休戰**상태로 아직 끝나지 않았습니다.

[22] 얼마 전 뜻밖의 축하 **書信**을 받게 되었습니다.

[23] 일본에서 환수한 김정호의 '대동여**地圖**'가 일반에 공개됐습니다.

[24] 현재 투표가 **集計** 중이라 결과는 아직 누구도 알 수 없습니다.

[25] 그는 매일 정각 5시에 집에서 **出發**합니다.

[26] 혜수는 신입생을 **代表**해서 전교생 앞에서 선서했습니다.

[27] 이번에도 별 다른 **成果** 없이 흐지부지 끝이 났습니다.

————〈계속〉

[28] **窓門** 틈으로 아침 햇살이 비껴들었습니다.

[29] 남보다 많은 노력으로 그는 세계 최고의 음악가로 **大成**할 수 있었습니다.

[30] **各各** 최선을 다하되 정정당당하게 경기에 임하도록 합시다.

[31] 남북 **對話**는 평화 통일의 첫걸음입니다.

[32] 건강한 **身體**에 건강한 정신이 깃듭니다.

[問 33-61] 다음 漢字의 訓(훈: 뜻)과 音을 쓰세요.

> 보기
>
> 字 ➡ 글자 자

[33] 半

[34] 現

[35] 聞

[36] 和

[37] 形

[38] 始

[39] 意

[40] 風

[41] 音

[42] 幸

[43] 堂

[44] 昨

[45] 公

[46] 注

[47] 光

[48] 今

[49] 短

[50] 童

[51] 運

[52] 計

[53] 身

[54] 消

[55] 體

[56] 省

[57] 書

[58] 圖

[59] 集

[60] 戰

[61] 界

〈계속〉

[問 62-63] 다음 중 뜻이 서로 반대(또는 상대)되는 漢字끼리 연결되지 <u>않은 것</u>을 찾아 그 번호를 쓰세요.

[62] ① 心 ↔ 身　　② 光 ↔ 明

　　③ 昨 ↔ 今　　④ 長 ↔ 短

[63] ① 和 ↔ 戰　　② 消 ↔ 發

　　③ 全 ↔ 半　　④ 身 ↔ 體

[問 64-65] 다음 문장에 어울리는 漢字語가 되도록 ( ) 안에 알맞은 漢字를 〈보기〉에서 찾아 그 번호를 쓰세요.

보기
① 對　② 代　③ 公　④ 共

[64] 아직도 지구상에는 現(　) 문명의 불모지로 남아 있는 곳이 많습니다.

[65] 물건을 (　)同으로 구매하면 훨씬 저렴한 가격으로 구매할 수 있습니다.

[問 66-67] 다음 뜻에 맞는 漢字語를 〈보기〉에서 찾아 그 번호를 쓰세요.

보기
① 地球　② 球形　③ 不幸
④ 地形　⑤ 運命　⑥ 幸運

[66] 땅의 생긴 모양.

[67] 좋은 운수 또는 행복한 운수.

[問 68-77] 다음 밑줄 친 漢字語를 漢字로 쓰세요.

보기
한자 ➡ 漢字

[68] 우리 반 남학생과 여학생의 비율은 **반반**입니다.

[69] 이번 마라톤 대회에 **출전**하기로 결심했습니다.

[70] 올해 겨울은 **작년** 겨울보다 더 춥습니다.

[71] 신호등이 있는 횡단보도에서도 길을 건널 때는 **주의**가 필요합니다.

[72] 감정 **표현**에 서투른 사람은 오해받기 쉽습니다.

[73] 바람을 이용하여 전기를 생산하는 것을 **풍력**발전이라고 합니다.

[74] 할아버지께서는 **서당**에서 ≪천자문≫을 배우셨습니다.

[75] 이번 대회에서 우리 학교 **발명**왕으로 뽑혔습니다.

[76] **공공**시설은 개인 소유가 아니기 때문에 더욱 아껴서 사용해야 합니다.

[77] 이번 **집회**에는 부모와 함께 자녀들도 함께 참여했습니다.

〈계속〉

[問 78-80] 다음 漢字의 짙게 표시한 획은 몇 번째 쓰는 획인지 〈보기〉에서 찾아 그 번호를 쓰세요.

〈보기〉

① 첫 번째　　② 두 번째　　③ 세 번째

④ 네 번째　　⑤ 다섯 번째　⑥ 여섯 번째

⑦ 일곱 번째　⑧ 여덟 번째　⑨ 아홉 번째

⑩ 열 번째　　⑪ 열한 번째　⑫ 열두 번째

[78] 童

[79] 昨

[80] 窓

♣ 수고하셨습니다.

정답　QR코드를 스캔하여 문제의 정답을 확인하세요.

〈끝〉

수험번호 ☐☐☐-☐☐-☐☐☐☐☐☐☐  성명 ☐☐☐☐☐

생년월일 ☐☐☐☐☐☐  ※ 유성 싸인펜, 붉은색 필기구 사용 불가.

※답안지는 컴퓨터로 처리되므로 구겨지거나 더럽혀지지 않도록 글씨를 칸 안에 또박또박 쓰십시오.
  글씨가 채점란으로 들어오면 오답처리가 됩니다.

## 한자능력검정시험 대비 6급Ⅱ 답안지 (1)

| 번호 | 정답 | 채점란 | 번호 | 정답 | 채점란 | 번호 | 정답 | 채점란 |
|---|---|---|---|---|---|---|---|---|
| 1 |  |  | 14 |  |  | 27 |  |  |
| 2 |  |  | 15 |  |  | 28 |  |  |
| 3 |  |  | 16 |  |  | 29 |  |  |
| 4 |  |  | 17 |  |  | 30 |  |  |
| 5 |  |  | 18 |  |  | 31 |  |  |
| 6 |  |  | 19 |  |  | 32 |  |  |
| 7 |  |  | 20 |  |  | 33 |  |  |
| 8 |  |  | 21 |  |  | 34 |  |  |
| 9 |  |  | 22 |  |  | 35 |  |  |
| 10 |  |  | 23 |  |  | 36 |  |  |
| 11 |  |  | 24 |  |  | 37 |  |  |
| 12 |  |  | 25 |  |  | 38 |  |  |
| 13 |  |  | 26 |  |  | 39 |  |  |

| 감독위원 | 채점위원 (1) | |
|---|---|---|
| (서명) | (득점) (서명) | ※뒷면으로 이어짐 |

## 한자능력검정시험 대비 6급Ⅱ 답안지(1)

| 번호 | 정답 | 채점란 | 번호 | 정답 | 채점란 | 번호 | 정답 | 채점란 |
|---|---|---|---|---|---|---|---|---|
| | 답안란 | | | 답안란 | | | 답안란 | |
| 40 | | | 54 | | | 68 | | |
| 41 | | | 55 | | | 69 | | |
| 42 | | | 56 | | | 70 | | |
| 43 | | | 57 | | | 71 | | |
| 44 | | | 58 | | | 72 | | |
| 45 | | | 59 | | | 73 | | |
| 46 | | | 60 | | | 74 | | |
| 47 | | | 61 | | | 75 | | |
| 48 | | | 62 | | | 76 | | |
| 49 | | | 63 | | | 77 | | |
| 50 | | | 64 | | | 78 | | |
| 51 | | | 65 | | | 79 | | |
| 52 | | | 66 | | | 80 | | |
| 53 | | | 67 | | | | | |

## 나는야 급수왕! (32-34쪽)

**1.**

① 風 ─ 이제 ─── 금

② 今 ─ 글 ──✕── 풍

③ 書 ─ 바람 ─── 서

**2.** ① 뜻 몸 음 신  ② 뜻 들을 음 문

**3.** ① ㄹ  ② ㄴ  ③ ㄷ

**4.** ① 작년  ② 운명  ③ 풍력

**5.** ① 幸運  ② 身體  ③ 書堂

**6.**

① 聞 7 번째  들을 문

② 風 7 번째  바람 풍

③ 堂 9 번째  집 당

④ 體 3 번째  몸 체

## 나는야 놀이왕! (36-37쪽)

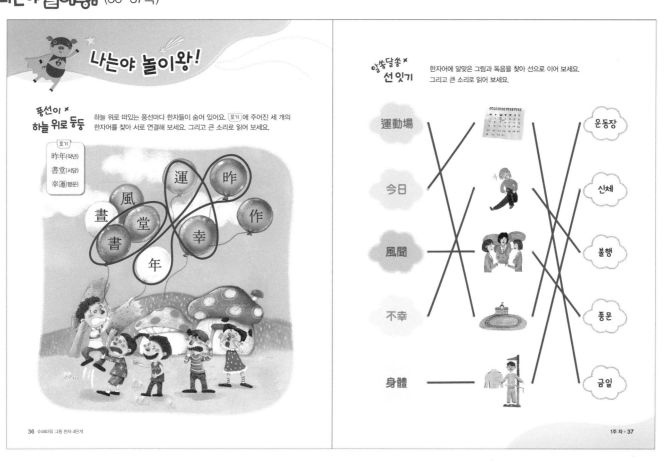

## 나는야 급수왕! (60–62쪽)

**1.**
- ❶ 現 — 뜻
- ❷ 意 — 나타날
- ❸ 始 — 비로소

- 현
- 시
- 의

(현, 시, 의 연결)

**2.** ❶ 뜻 그림 음 도  ❷ 뜻 공 음 구

**3.** ❶ ㄹ  ❷ ㄷ  ❸ ㄴ

**4.** ❶ 지구  ❷ 도서  ❸ 공동

**5.** ❶ 現代  ❷ 公共  ❸ 注意

**6.**

- ❶ 代  3번째 — 대신할 대
- ❷ 注  6번째 — 부을 주
- ❸ 形  2번째 — 모양 형
- ❹ 始  5번째 — 비로소 시

## 나는야 놀이왕! (64–65쪽)

## 나는야 급수왕! (88-90쪽)

**1.**

- ❶ 和 ── 공 ── 화
- ❷ 明 ── 밝을 ── 명
- ❸ 功 ── 화할 ── 공

**2.** ❶ 뜻 모을 음 집  ❷ 뜻 빛 음 광

**3.** ❶ ㄷ  ❷ ㄹ  ❸ ㄴ

**4.** ❶ 성공  ❷ 발음  ❸ 표현

**5.** ❶ 和音  ❷ 集會  ❸ 發明

**6.**

❶ 光  1 번째  빛 광

❷ 音  8 번째  소리 음

❸ 成  6 번째  이룰 성

❹ 會  6 번째  모일 회

## 나는야 놀이왕! (92-93쪽)

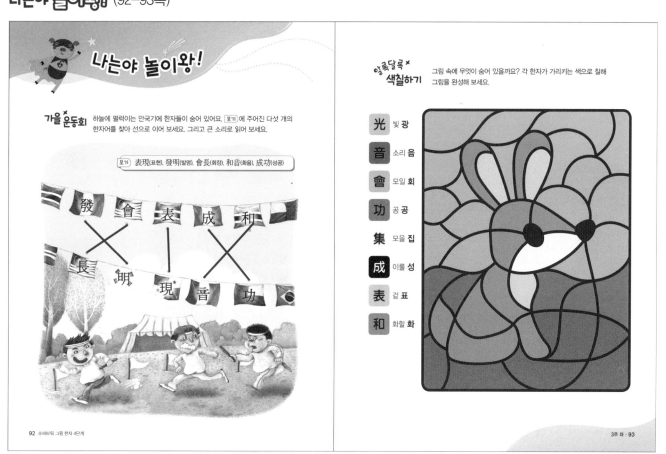

## 나는야 급수왕! (116–118쪽)

**1.** ❶ 各 —— 각각
❷ 界 —— 지경
❸ 反 —— 돌이킬/돌아올

반
계
각

**2.** ❶ 뜻 나눌 음 분 ❷ 뜻 싸움 음 전

**3.** ❶ ㄹ ❷ ㄱ ❸ ㄷ

**4.** ❶ 대설 ❷ 각계 ❸ 출전

**5.** ❶ 分班 ❷ 對等 ❸ 反省

**6.** ❶

省 4 번째
살필 성, 덜 생

❷
對 3 번째
대할 대

❸
班 5 번째
나눌 반

❹
雪 10 번째
눈 설

## 나는야 놀이왕! (120–121쪽)

**5주차**

## 나는야 급수왕! (144–146쪽)

**1.**
① 角 —— 반
② 消 —— 뿔
③ 半 —— 사라질

반 —— 반
—— 소
—— 각

**5.** ① 成果　② 集計　③ 書信

**6.**
①  窓　9번째
창 창

②  短　5번째
짧을 단

③  童　10번째
아이 동

④  題　14번째
제목 제

**2.** ① 뜻 아이 음 동　② 뜻 실과/열매 음 과

**3.** ① ㄴ　② ㄷ　③ ㄹ

**4.** ① 주제　② 불신　③ 후반

## 나는야 놀이왕! (148–149쪽)

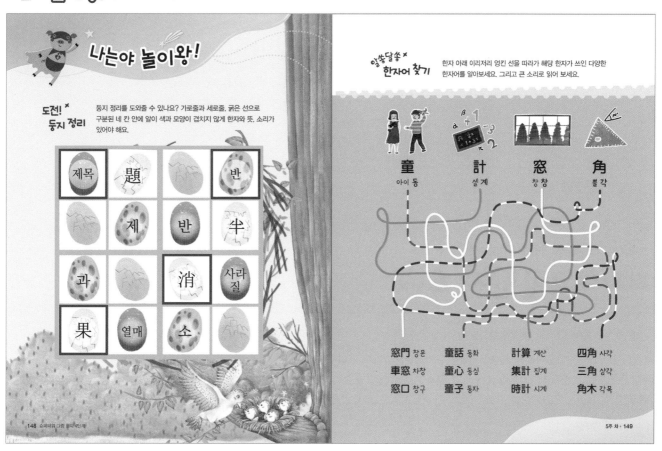

## 글자 모양이 변하는 한자들

한자는 서체에 따라 글자 모양이 달라지기도 해요. 이런 자형의 변화에는 공통점이 있습니다.
이를 이해하면 서체로 인한 혼동을 줄일 수 있어요.

**＊ 이해를 돕기 위한 참고 한자 ＊**

| 示＝礻 | 田＝畖 | 糸＝糸 | ⺿＝⺾ | 辶＝辶 | 角＝角 |
|---|---|---|---|---|---|
| 祖(祖) | 畵(畵) | 綠(綠) | 草(草) | 近(近) | 解(解) |

하루 한 장 기적의 한자 학습, 초등 한자와 급수 한자를 한 번에

# 슈퍼파워 그림한자 4 단계

**초판 인쇄** 2023년 10월 17일 | **초판 발행** 2023년 10월 23일

**지은이** 동양북스 교육콘텐츠연구회 | **발행인** 김태웅 | **책임편집** 양정화 | **디자인** syoung.k | **마케팅 총괄** 김철영 | **제작** 현대순

**발행처** (주)동양북스 | **등록** 제 2014-000055호 | **주소** 서울시 마포구 동교로 22길 14 (04030)

**구입 문의** 전화 (02)337-1737, 팩스 (02)334-6624 | **내용 문의** 전화 (02)337-1763, dybooks2@gmail.com

**ISBN** 979-11-5768-966-8 63710